Costa Daurada

Ulrich Redmann

Costa Daurada

Katalonien Süd:
Barcelona bis Naturpark dels Ports

50 ausgewählte Tal- und Höhenwanderungen

Mit 84 Farbfotos,
50 Wanderkärtchen im Maßstab 1:25.000 / 1:50.000 / 1:75.000 und
2 Übersichtskarten im Maßstab 1:700.000 und 1:2.000.000

Bergverlag Rother · München seit 1920

BERGVERLAG ROTHER GMBH · MÜNCHEN

Umschlagbild: Grau de l'Agnet am Montsant

Bild gegenüber dem Titel (Seite 2):
Im Barranc de Sant Bartomeu (Tour 22)

Alle Fotos stammen vom Autor

Kartografie:
Wanderkärtchen im Maßstab 1:25.000 / 1:50.000 / 1:75.000
Kartografie Christian Rolle
Übersichtskarten im Maßstab 1:700.000 und 1:2.000.000

1. Auflage 2005

ISBN 3-7633-4326-1

BERGVERLAG ROTHER · München
D-85521 Ottobrunn · Haidgraben 3 · Tel. (089) 608669-0
Internet www.rother.de · **E-Mail** leserzuschrift@rother.de

Vorwort

Costa Daurada – vergoldete Küste – das heißt Sommer, Sonne, Sand: baden an goldfarbenen Stränden, flanieren auf den Uferpromenaden und in den Ramblas der Küstenorte, mediterrane Küche und erlesene Weine genießen. Der vorliegende Wanderführer beschreibt aber noch viel mehr, nämlich die 50 schönsten Wanderungen im südlichen Katalonien. Teils sind es Wege entlang der goldsandigen Küste in ihrer ursprünglichen Schönheit. Andere Touren führen durch weiträumige Kulturlandschaften: durch ausgedehnte Oliven-, Mandel- und Johannisbrotplantagen sowie durch Weinberge. Die meisten Routen sind Bergwege im einsamen Hinterland, dessen eher weiche Kalk- und Sandgesteine einer intensiven Erosion ausgesetzt sind. Es geht über schroffe Grate, über weite Höhen und durch tief eingegrabene Schluchten und ausgedehnte Wälder. Es sind große Namen dabei wie Montserrat, die Berge von Prades und der Montsant, der Naturpark El Port, aber auch viele Touren in weniger bekannten Gebieten der Serralada prelitoral. Bewusst wurde Wert darauf gelegt, auch in die schönen, starken Abgeschiedenheiten des südlichen Kataloniens zu führen. Gemeinsam ist allen Gebieten die magisch-mystische Kraft, die von ihnen ausgeht, wovon unzählige verlassene zypressengesäumte Einsiedeleien zeugen. Faszinierend auch die offene Lage zwischen der spiegelnden Fläche des Mittelmeers im Osten und den unendlichen Weiten der Tiefe von Aragón im Westen. Und immer wieder eindrücklich die vielen Zeugnisse der ursprünglich so intensiven Nutzung durch die Menschen: Trockenmauern, Bewässerungskanäle, Steinplattenwege, Höhlenbauten, Mühlen, Gehöfte und Dörfer: allesamt verlassen, von der Natur zurückerobert, überwachsen. Pflanzen und Tiere haben wieder viel Raum gefunden und zeigen ganzjährig eine große Vielfalt.

Dieses Buch wäre nicht möglich geworden ohne das Engagement anderer: Maria Almirall-Rovida und ihr Mann Freddie Kramer-Donnelly haben mich als erste an den Alt Gaià und in die Berge von Prades mitgenommen. Josep Jordana, Antoni Cabré Puig und Rafael Lopez-Monné haben mir mit ihrer Feldarbeit und ihren Publikationen viele wunderschöne Wandertage erst ermöglicht. Ihnen allen sei an dieser Stelle herzlich gedankt!

Das Hinterland der Costa Daurada ist ein landschaftlich exzellentes Wandergebiet, das wenig begangen wird; ideal für alle diejenigen, die Abgeschiedenheit und Ruhe sowie ursprüngliches Naturerleben schätzen und raue, teils überwachsene Wege nicht scheuen. Als bereichernde Ergänzung zu einem Strand- oder Stadturlaub oder als reine Wanderferien: ich wünsche Ihnen großartige, unvergessliche Erlebnisse!

Malans/El Pla de Manlleu, Frühjahr 2005 Ulrich Redmann

Inhaltsverzeichnis

Touristische Hinweise

Zum Gebrauch des Führers

Die 50 Routen sind von Südwesten nach Nordosten nummeriert. Die Lage der einzelnen Touren ist in der Übersichtskarte (S. 18) ersichtlich. Bei den Routenbeschreibungen nennt ein Informationsblock die wichtigsten Hinweise für Planung und Durchführung der Tour. Der Verlauf der Wanderung ist in einem Kärtchen dargestellt und im Text beschrieben; die Begriffe »rechts« und »links« sind dabei stets in Gehrichtung zu verstehen.

Anforderungen

Nur die wenigsten Wanderungen verlaufen auf klar angelegten Wegen. Häufig sind auch auf einfachen Touren steile und undeutliche Passagen zu bewältigen, die ein gewisses Maß an Orientierungsfreude und Gehsicherheit erfordern. Die Routen in den abgelegenen Gebieten sollte man nicht alleine begehen. Wegen der spärlichen Versorgungsmöglichkeiten ist stets ausreichend Nahrung und Flüssigkeit mitzutragen.

Die Anforderungen sind in drei Gruppen eingeteilt; die Farben bedeuten:

BLAU

Die Wege sind größtenteils ausreichend breit und deutlich; sie können gefahrlos auch von weniger Geübten begangen werden. Die reine Gehzeit überschreitet 3 Stunden kaum.

ROT

Die Route kann längere Zeit über schmale oder undeutliche Pfade führen; es wird ein gewisses Maß an Orientierungssinn und Kondition vorausgesetzt.

SCHWARZ

Diese Touren sind trittsicheren, schwindelfreien, orientierungssicheren und trainierten Wanderern vorbehalten.

Gefahren

Das Hinterland der Costa Daurada ist ein sicheres Wandergebiet. Die größten Gefahren sind Wasser und Feuer: bei starkem Regen muss der Aufenthalt in den *Barrancs*, die in kürzester Zeit überschwemmt werden können, vermieden werden. Jegliches Feuer im Freien ist in Katalonien verboten.

Bei den *Tramuntana*-Wetterlagen herrscht an der Küste schönstes Wetter, während die Küstengebirge in den Wolken verharren; daher sollte man von Touren, die auf den Bergrücken in Nebel führen könnten, Abstand nehmen.

Schlangen sind scheue Tiere, die man kaum zu Gesicht bekommt; nur zwei Arten (Stülpnasenotter und Aspisviper) sind giftig, aber nicht tödlich. Unangenehm können bei abgelegenen Höfen die Hunde werden, daher sollte man nötigenfalls ausreichend Abstand halten.

Tramuntana am Montmell.

Notruf

Notrufnummer ist 085, zuständig ist die Feuerwehr (Bombers de la Generalitat de Catalunya, Salvament de Muntanya). Die Funkabdeckung für Mobiltelefone ist allgemein hervorragend, aber nicht in jeder abgelegenen Bergschlucht gegeben.

Beste Jahreszeit

Das südliche Katalonien ist ein Ganzjahreswandergebiet. Gerade im Winter herrscht oft trockenes, klares Wetter mit angenehmen Wandertemperaturen vor, während im Frühling (Mitte Februar bis Mitte April) und im Herbst die farbliche Vielfalt der Natur besonders zur Geltung kommt. Im Sommer (Mitte Juni bis Mitte September) kann es sehr heiß und trocken sein, sodass nur Frühaufsteher in höheren Lagen wandern können. Die Hauptregenmenge fällt in den Monaten April/Mai und September/Oktober. Berüchtigt sind die Starkniederschläge, die in kurzer Zeit für lokale Überschwemmungen sorgen. Schnee fällt selten. Unangenehm ist im Winterhalbjahr der *Mestral*, ein kalter, stürmischer Nordostwind, während die *Tramuntana*, ein sehr kalter Westwind aus dem Binnenland, an der Küste für warmes sonniges Wetter sorgt, die Gebirgszüge in Küstennähe aber im Nebel lässt.

Ausrüstung

Grundsätzlich entspricht auch in diesem Gebiet die Ausrüstung den alpinen Gepflogenheiten. Das Gelände ist rau und karstig und solides Schuhwerk (am besten Bergstiefel) unabdingbar. Die üppige Vegetation bedrängt die Wege vielerorts mit stachlig-dornigem Gehölz; lange Kleidung ist daher sommers wie winters zu bevorzugen. Eine Kopfbedeckung und hochwertiger Sonnenschutz sind selbstverständlich. Auch in der Hochsommerzeit kann es in den höheren Lagen rasch empfindlich kühl und Wärmeschutz nötig werden. Verpflegungsmöglichkeiten sind kaum gegeben, und die Brunnen können ausgetrocknet sein: man sollte also stets einen ausreichenden Vorrat an Nahrung und vor allem Wasser mit sich führen.

Karten

Grundlage des Kartenmaterials in Katalonien sind neben den Karten von Editorial Piolet (www.geografics.com) und Editorial Alpina (www.editorialalpina.com) vor allem die vom Institut Cartogràfic de Catalunya (abgekürzt ICC; www.icc.es) im Maßstab 1:50.000 herausgegebenen Karten »Mapa comarcal de Catalunya«. Jede Comarca (Verwaltungseinheit zwischen Gemeinde und Provinz) hat eine eigene Karte, auf deren Rückseite auch die einzelnen Gemeinden (*municipi*) samt Statistik aufgeführt sind.
Infolge der unterschiedlichen Größe der *Comarques* sind auch die entsprechenden Karten unterschiedlich groß und überschneiden sich. Sie sind in Buchhandlungen oder manchmal in Papeterien erhältlich. Leider ist die Detailtreue der Karten ausgesprochen mangelhaft, selbst die spezialisierten Bergkarten genügen kaum. Für die weiträumige Orientierung in der Landschaft sind sie jedoch nützlich und werden zu diesem Zwecke bei den einzelnen Routen angegeben. Es wird empfohlen, sich auf die beigefügten Routenskizzen und die Beschreibung zu verlassen.

Gehzeiten

Es sind die reinen Gehzeiten eines durchschnittlich trainierten Erwachsenen angegeben. Erfahrungsgemäß ist die Wanderzeit um gut die Hälfte länger; bei einer angegebenen Gehzeit von beispielsweise 3 Stunden wird man kaum vor 4½ bis 5 Stunden am Zielort eintreffen. Ausgedehntere Rastzeiten oder Besichtigungen sind dazuzurechnen.

Unterkunft

Einen Reichtum von Unterkünften aller Art findet man entlang der Küste, von wo die Touren im angrenzenden Hinterland in 1–2-stündigen Zufahrten erreicht werden können. Auch in Nähe der bekannteren Ausflugsorte (El Port, Montsant, Muntanyes de Prades, Klöster Poblet, Stes. Creus und Vallbonga, Montserrat) sind Hotels, Zimmervermietungen und Campingplätze vorhanden; wer reine Wanderferien machen möchte, sollte sich im entspre-

chenden Gebiet eine Unterkunft suchen. *Turisme rural*, die Unterbringung auf Bauernhöfen, wird immer beliebter und ist recht verbreitet. Jedoch sind manche Höfe sehr abgelegen und nur auf schlechten Pisten erreichbar, was sie für beschauliche Ferien, nicht aber als »Basislager« für Wanderungen geeignet macht.
Im Gebiet dieses Führers liegt eine ganze Reihe von *Refugi*. Diese Schutzhäuser entsprechen nicht immer den Berghäusern der Alpenvereine, sondern sind meist einfache Übernachtungsmöglichkeiten für Wander- und Kletterclubs. Einige sind aber doch bewirtschaftet und für einzelne Übernachtungen geeignet; bei den möglichen Touren wird darauf verwiesen.

Anfahrt
Für die Anfahrt zu fast allen Touren ist man auf Privatfahrzeuge angewiesen, wobei häufig allein schon die Zufahrt ein landschaftlich großartiges Abenteuer darstellt. Die Routen sind daher nach Möglichkeit so konzipiert, dass sie an den Ausgangspunkt zurückführen; manchmal können Varianten gewählt werden, bei denen am Zielort ein zweites Auto abgestellt wird.
Die Erschließung mit öffentlichen Verkehrsmitteln ist für Wanderbedürfnisse in der Regel nicht gegeben: wenn überhaupt fährt ein Bus morgens in den nächst größeren Ort und abends zurück. Möglichkeiten für die Benutzung öffentlicher Transportmittel sind bei den einzelnen Touren vermerkt.

Natur- und Umweltschutz
Katalonien unternimmt riesige Anstrengungen zum Schutz der Umwelt, die schon erfreuliche Früchte getragen haben. Selbst an abgelegenen Orten wird der Abfall getrennt eingesammelt und fachgerecht entsorgt, die Abwässer sind gereinigt, Pflanzen und Tiere werden geschützt, die Forstpolizei sorgt für die Einhaltung der Bestimmungen.
Besonderes Augenmerk wurde in den letzten Jahren auf die Waldbrandprävention gelegt: das ganze Gebiet wurde überzogen mit einem Netz von breiten Brandschneisen, die es ermöglichen sollen, einem ausgebrochenen Feuer Einhalt zu gebieten. So hässlich deren Anblick sein mag, wenn sie frisch geschlagen sind, und so unangenehm die Forstpisten, die für die Erstellung gebaggert wurden, zu begehen sind, so nützlich scheinen sie langfristig doch zu sein.
Eine Vielzahl von kleineren und größeren Schutzgebieten verschiedener Kategorien sind über das Gebiet verteilt; die Einhaltung der üblichen Schutzbestimmungen scheint heutzutage eine Selbstverständlichkeit. An größeren Schutzgebieten sind zu nennen:
Ebrodelta / El Port / Cap de Creus / Poblet / Olèrdola / Garraf / Collserola / Montserrat.

Überschwemmungsgefahr, im Bild der Riu Siurana.

Tipps für Weitwanderer
Weitwanderer finden entlang der vielen GR-Routen, die meist gut markiert sind, ausgedehnte Möglichkeiten, einzelne hier beschriebene Touren zu verbinden, doch muss meist biwakiert werden. Speziell abgestimmt auf Unterkunftsgelegenheiten ist die Transtarragonia, die in 4–5 Tagen von Prades nach Tortosa führt (Angaben in: Josep Insa Montava, De les muntanyes de Prades a l'Ebre, Colleccio Azimut – 6, Edicions Cossetània, Valls 2000).

Sprache
Offizielle Landessprache in der Provincia autònoma de Catalunya ist Katalanisch, offizielle Staatssprache das kastilische Spanisch. Das Català ist nicht etwa ein spanischer Dialekt, sondern eine eigenständige Sprache mit einer vielfältigen Kultur; so gibt es eigene katalanische Universitäten und Fernsehprogramme. Català wird von den Pyrenées orientales über Andorra, Katalonien, València bis in die Gegend von Murcia und auf den Balearen von ca. 10 Millionen Menschen gesprochen und stellt für viele einen wesentlichen Teil ihrer kulturellen und politischen Identität dar. Wir verwenden daher die katalanischen Ortsbezeichnungen, wie sie in der Mapa comarcal de Catalunya vermerkt sind. Da Spanisch eine Weltsprache ist, beherrschen eher wenige Katalanen außer ihr eine weitere Fremdsprache; die jüngere Generation spricht häufig auch Englisch. Für die Verständigung im Landesinneren ist man auf Katalanisch oder Spanisch angewiesen; nötigenfalls sollte man sich einen entsprechenden Sprachführer besorgen. Auf S. 156 ist ein kleines Wandererlexikon mit den häufigsten Begriffen aufgeführt.

Wandern im südlichen Katalonien

Der Wandersport hat im südlichen Katalonien nur beschränkt Tradition. Allzu lange mussten die Menschen aus schierer Überlebensnot über Berge und durch Schluchten laufen, als dass sie dies später freiwillig fortsetzen mochten. Auch der Tourismus brachte kaum entsprechende Impulse, war er doch ganz auf die Küste und den Sommer ausgerichtet. Am ehesten überlebten noch die Pilgerwege, auf denen Gläubige zu bestimmten Tagen oder Zeiten wandelten, und die Jägerpfade. Immerhin wurden seit 1975 einige Weitwanderwege (GR, katalanisch Gran Recorregut) ausgeschildert und in beschränktem Umfange auch gepflegt. Wanderwillige mussten sich ihre Wege lange selbst suchen und die – oft widersprüchlichen – Aussagen der Einheimischen selbst interpretieren. Erst seit wenigen Jahren wurde das Wandern zunehmend wieder entdeckt. Viele Publikationen beschreiben nun Routen, allerdings häufig abenteuerliche Varianten. Viele Wege wurden auf die Schnelle mit Holzwegweisern ausgeschildert, die einem Wanderer zwar anfänglich die Richtung weisen, ihn oft aber später ratlos im Wald stehen lassen. Klar lesbare Karten mit eindeutigen Höhenangaben fehlen, Ortsangaben entsprechen häufig nicht den Wegweisernamen. Die öffentlichen Verkehrsmittel und die Einkehrmöglichkeiten sind nirgendwo auf Wandernde ausgerichtet.
All diese Unzulänglichkeiten machen nicht zuletzt den Reiz des Wanderns im südlichen Katalonien aus: Wenig begangene Wege in urwüchsiger Natur, die Auseinandersetzung verlangen und alle Sinne ansprechen.

Geografie

Das Gebiet dieses Führers umfasst Katalonien südlich einer Linie Barcelona – Manresa – Lleida. Es wird geprägt durch zwei weite Ebenen: die Depressió central (zentralkatalanische Senke) in der Provinz Lleida und die Depressió prelitoral (Vorküstensenke) in Küstennähe mit dem so genannten Camp. Zwischen beiden liegt die vielgestaltige Bergkette der Serralada prelitoral (Vorküstengebirge), die im Süden vom Ebro geteilt wird, der hier endlich das Meer erreicht und sein großartiges Delta bildet. Während die Berge nordöstlich des Ebro nur knapp 1000 m Höhe erreichen, liegen die höchsten Erhebungen südwestlich davon im Massiv El Port (Caro 1442 m). Außer in den erwähnten Ebenen ist das ganze Gebiet stark zerklüftet: steile Schluchten und schroffe Berggrate wechseln in verwirrendem Spiel. Im Nordosten gehört mit dem Garraf noch der südlichste Ausläufer der Serralada litoral (Küstengebirge) zum Gebiet.

Geologie

Im Wandergebiet dominieren die Sedimentgesteine: verkarstete Kalkgesteine, gold- und rotfarbene Sandsteine (die der Costa Daurada zu ihrem Namen verhalfen) sowie grobkörnige Konglomeratgesteine.

Vegetation

Es herrschen jene immergrünen Laub- und Nadelgehölze vor, die der Sommerhitze trotzen können: Wacholder, Ginster und alle Steineichen. Durch Oberflächenreduktion und ätherische Öle, die bei Hitze Verdunstungskühle erzeugen, schützen sie sich vor der lebensbedrohenden Austrocknung und sind dennoch weitgehend frostresistent. Entlang der Küste und in der zentralkatalanischen Senke herrscht der Niederwuchs der Garrigues vor: Lebensgemeinschaften aus Gräsern, Klein- und Halbsträuchern, die sich in verschiedene Untergruppen einteilen lassen und stets erfüllt sind von den Gerüchen von Rosmarin, Thymian oder Lavendel. In den landwirtschaftlichen Gebieten dominieren die Kulturpflanzen: Oliven-, Mandel- und Johannisbrotbäume, auf geeigneten Böden auch Haselnussplantagen und natürlich die klein- und zunehmend auch großflächigen Weinberge. In höheren Lagen und entlang der Flüsse zeigen sich die Macchien: mittelhohe Buschgehölze, vor allem Steineichen und Buchsbäume, die sich ungestört zu eigentlichen Wäldern entwickeln. Weiter begegnen wir auch Kiefern, laubabwerfenden Ahornbäumen und winterkahlen Eichen, auf Tour 2 gar dem südlichsten Buchenwald. Generell kann die Vegetation als reichhaltig bezeichnet werden; zu allen Jahreszeiten – jedoch abhängig von den Niederschlägen – blüht etwas und wird der botanisch Interessierte fündig.

Schwertlilien begegnet man gelegentlich.

Kreisender Geier.

Fauna

Wer mit offenen Augen wandert, kann im südlichen Katalonien eine reichhaltige Tierwelt beobachten: Füchse, Dachse, Wildkatzen und Wildschweine, Wiesel, Hermeline und Eichhörnchen durchstreifen die abgelegenen Wälder, Hasen und Kaninchen beleben die Wiesen und Felder; im Süden begegnet man der »cabra salvatge«, einer Unterart des Iberischen Steinbocks (Capra hispanica), mit den kleineren rund 40 kg schweren Geißen und den bis 100 kg schweren kapitalen Böcken mit den gewaltigen Hörnern. Von den Vögeln sind Wiedehopf, verschiedene Taubenarten, Bienenfresser, Falken, Sperber und Bussarde, Adler und Geier, Raben, Dohlen, Kauz und Uhu sowie das Auerwild zu erwähnen, und am Ebrodelta – einem der bedeutsamsten Feuchtgebiete Europas – geraten nicht nur die Ornithologen ins Schwärmen ob all der Limikolen, Enten, Reiher, Flamingos und vielen mehr. Verschiedene Echsen und Geckos sonnen sich auf den Steinen, und raschelnd verziehen sich vor unseren Schritten auch die recht verbreiteten Schlangen: meist sind es die diversen, zwischen 50 und 150 cm langen Nattern mit ihren braunoliven bis schwarzen Häuten: die Hufeisen-, Schling-, Äskulap-, Treppen-, Ringel-, Viper-, Kapuzen- und Eidechsennatter – sie sind allesamt weitgehend harmlos. Unangenehm giftig, nicht tödlich, könnten die gut halbmeterlangen Vipern, die Aspisviper und die Stülpnasenotter, sein, die allerdings scheu und selten sind. In den Fließgewässern tummeln sich Krebse und Aale. Ausgesprochen vielfältig präsentiert sich die Welt der Insekten: Schmetterlinge in allen Formen und Farben, Gottesanbeterinnen und im Frühling die meterlangen Ketten des Kiefernprozessionsspinners: eines aggressiven Schädlings, der bei vielen Menschen allergische Reaktionen auslöst.

Junge Hermeline.

Informationen und Adressen von A–Z

Anreise

Ein dichtes Flugnetz verbindet Barcelona mit allen europäischen Ländern und allen Kontinenten; vorwiegend in der Hochsaison und durch Charterflüge wird auch Tarragona-Reus angeflogen. Der komfortable Hotelnachtzug Pau Casal verbindet dreimal wöchentlich Zürich oder Milano mit Barcelona und umgekehrt.
Eine angenehme Alternative zur langen Autobahnfahrt bietet für Reisende aus Österreich, Süddeutschland oder der Ostschweiz die Fährverbindung Genua – Barcelona (alle 2–3 Tage mit Grimaldi Lines).

Internetlinks

www.gencat.net	Generalitat de Catalunya (cat./cast./engl.)
www.costadaurada.org	Provinz Tarragona(cat./cast./engl./frz./dt.)
www.publintur.es	Catalonia Tourist Guide (cat./cast./engl.)
www.totbarcelona.org	Provinz Barcelona (cat./cast./engl./frz.)
www.barcelonaturisme.com	Barcelona Stadt (cat./cast./engl./frz.)
www.lleidatur.es	Provinz Lleida (cat./cast./engl.)
www.meteocat.com	Wetter (cat.)
www.feec.es	Exkursionisten (cat.)
www.senderisme.com	Wandern (cat./cast./engl.)
www.catsud.com	Ökoturismus (cat.)
www.gepec.org	Ökoaktivitäten (cat.)

Ständig aktualisierte Internetadressen entnehmen Sie bitte der Website des Bergverlags Rother www.rother.de (WebLinks/Geosuche)

Klima

Das Klima der Costa Daurada ist typisch mediterran: milde Winter, warme Sommer mit einer langen Trockenperiode. Die mittlere Jahrestemperatur beträgt an der Küste zwischen 15 und 17 Grad, nimmt aufsteigend pro 100 Höhenmeter um ca. 0,7 Grad ab. Der Januar ist der kälteste Monat; Frost und Schnee sind eher seltene Ereignisse. Die meisten Regentage (etwa 10 pro Monat) sind im April/Mai und September/Oktober zu verzeichnen.
Hinter der Serralada prelitoral im Westen in der Provinz Lleida ist das Klima kontinental: trocken mit sehr kalten Wintern und heißen Sommern.

Notfall und Rettung

In allen auch nur etwas größeren Orten findet man ein Zentrum für erste Hilfe, das durchgehend geöffnet und mit ausgebildeten Leuten besetzt ist (CAP, Centre d'assistencia primaria). Allgemeine Notrufnummer ist 112, für Rettungen 085.

Öffentlicher Verkehr

- *Züge:* Im Großraum Barcelona besteht ein dichtes Netz von Vorortzügen; das übrige Gebiet wird durch die spanische Eisenbahngesellschaft RENFE (Red Nacional de Ferrocarriles Españoles) auf den Linien Barcelona – Tarragona – Tortosa, Barcelona – Tarragona – Lleida und Barcelona – Reus – Móra la Nova – Riba-roja d'Ebre bedient. Das Zugfahren ist preiswert; Tickets sind nur in ganz großen Bahnhöfen am Schalter erhältlich, in größeren Orten in einem bezeichneten Reisebüro, sonst auch beim Schaffner.
- *Busse:* Praktisch alle Orte besitzen eine Busverbindung, deren Frequenz aber der Bevölkerungsdichte entspricht: Die abgelegensten werden nur Montagmorgen und Freitagabend angesteuert. Alle größeren Orte verfügen über einen zentralen Busbahnhof, von dem aus die einzelnen Linien, die von verschiedenen Anbietern betrieben werden, verkehren und wo auch Fahrkarten erstanden werden können.
- *Fahrpläne:* Fahrplanabfrage über das Internet: www.mobilitat.net (bei »MOURE'M per Catalunya« auf »rutes amb transport públic« klicken).

Öffnungszeiten

Die meisten Läden und Geschäfte haben von 10–13 Uhr und von 16.30–19.30 Uhr geöffnet (Mo–Sa), einige schon früher, andere länger. Bäckereien verkaufen auch sonntagmorgens. Supermärkte haben durchgehende Öffnungszeiten und sind meist auch am Sonntag von 10–14 Uhr geöffnet. Poststellen, Banken und Ämter bedienen meist von 10–14 Uhr (Mo–Fr). Leider haben Museen und Ausstellungen uneinheitliche Besuchszeiten und beachten ebenfalls die Siesta. Bei den einzelnen Touren sind nach Möglichkeit Öffnungszeiten angemerkt.

Tourismusinformation

Spanische Fremdenverkehrsämter:

- *Deutschland:* 10707 Berlin (Kurfürstendamm 63, ✆ 0049 30 882 65 43), 40237 Düsseldorf (Grafenberger Allee 100, ✆ 0049 211 680 39 80), 60325 Frankfurt/M (Myliusstraße 14, ✆ 0049 69 72 50 33), 80366 München (Schubertstraße 10, ✆ 0049 89 530 7460)
- *Österreich:* 1010 Wien 1 (Walfischgasse 8, ✆ 0043 1 512 9580)
- *Schweiz:* 8008 Zürich (Seefeldstrasse 19, ✆ 0041 44 252 7930), 1201 Genève (15, rue Ami-Lévrier, ✆ 0041 22 731 1133)
- *Internet:* www.spain.info

In Katalonien:

- *Turisme de Catalunya* in 08008 Barcelona (Passeig de Gràcia 105, ✆ 0034 93 484 99 00); Büros auch in 43004 Tarragona (Pompeu Fabra 1, ✆ 0034 977 25 17 17), 43500 Tortosa (De la Rosa 9, ✆ 0034 977 44 93 33) und 25007 Lleida (Avinguda del Segre 7, ✆ 0034 973 72 80 00)
- *Internet:* www.gencat.net/turisme

LLEIDA/LERIDA
Fraga
Torrefarrera
Rosselló
Corbins
Torre-serona
Alcoletge
Vilanova de la Barca
Bellvís
Bell-Lloc d'Urgell
Fondarella
Castellnou de Seana
Anglesola
Tàrrega
Vilagrassa
Bellpuig
Verdú
Mollerussa
Sidamon
Els Alamús
Torregrossa
Raimat
Gimenells
Alcarràs
Albatàrrec
Artesa de Lleida
Puigverd de Lleida
les Borges Blanques
Arbeca
L'Espluga Calba
Vilanova de Bellpuig
Belianes
St. Martí de Maldà
Nalec
Ciutadilla
Vallbona de les Monges
Els Omells de Na Gaia
Senant
Solivella
Conca
Zaidín
Torrente del Cinca
Massalcoreig
Serós
Aitona
Sarroca de Lleida
Alcanó
El Cogul
Granyena de les Garrigues
L'Albagés
Castelldans
Les Garrigues
Vinaixa
Tarrés
L'Albi
Cervià de les Garrigues
el Soleràs
Torrebesses
la Granja d'Escarp
Montmeneu
Montnegre
Mequinenza
Maials
Penjat
La Granadella
Juncosa
La Pobla de Cérvoles
Vimbodí
Riudabella
Montblanc
Vilanova de Prades
Rojals
Farena
La Riba
Ulldemolins
Albarca
Prades
Cornudella
Mont-ral
Alcover
Margalef de Montsant
S. de Montsant
La Bisbal de Falset
La Palma d'Ebre
Cabassers
La Morera de Montsant
La Coguila
Vilaplana del Camp
La Selva del Camp
Almatret
Riba-roja d'Ebre
Flix
Fayón
Nonaspe
Ascó
La Figuera de Falset
la Vilella Baixa
Torroja de Priorat
La Torre de l'Espanyol
El Molar
Lloa
Les Borges del Camp
La Pobla de Massaluca
La Fatarella
Garcia
El Masroig
Falset
L'Argentera
Duesaigües
Riudoms
REUS
Vilanova d'Escornalbou
Villalba dels Arcs
Camposines
Corbera d'Ebre
Batea
Móra d'Ebre
Móra la Nova
Els Guiamets
La Serra d'Almos
La Miranda
Mont-roig del Camp
Cambrils de Mar
Salou
Vilaseca de Solcina
Pratdip
Caseres
Gandesa
Miravet
Tivissa
Vandellòs
l'Hospitalet
la Platja de Miami
l'Hospitalet de l'Infant
Bot
Prat de Comte
el Pinell de Bray
Rasquera
Arens de Lledó
Lledó
Horta de Sant Joan
Benifallet
Paüls
les Montcades
Tivenis
Xerta
Arnes
Alfara de Carles
L'Espina
Els Reguers
Roquetes
Tortosa
Raval de Jesús
Bitem
L'Enclusa
El Perelló
L'Almadrava
Calafat
Les Tres Cales
S. Jordi d'Alfama
Cala Nova
L'Ametlla de Mar
Golf de Sant Jordi
L'Ampolla
El Fangar
Caro
Ports de Beseit
El Negrell
Mas de Barberans
Vinallop
Santa Bàrbara
Deltebre
la Cava
Riumar
Cap Tortosa
Amposta
Sant Jaume d'Enveja
Els Muntells
El Poblenou del Delta
La Platja dels Eucaliptus
Freginals
La Galera
Godall
Venta de la Punta
les Ventalles
El Pas
Sant Carles de la Rapita
Montsià
N-240
N-II
A2
C-12
C-45
C-14
C-242
C-233
N-420
C-44
N-340
C-221
E90
A7
E15

SABADELL
BARC
Terrassa
Granollers
Mollet
Montcada
Cerdanyola
St.Cugat
Rubí
Molins
St.Feliu de Llobregat
St.Boi de Llobregat
Viladecans
Gavà
Castelldefels
el Prat de Llobregat
L'HOSPITA
DE LLOBREGA
Sant Adr
Martorell
Olesa de Montserrat
Esparreguera
Igualada
Capellades
St.Sadurní d'Anoia
Vilafranca del Penedès
St.Vicenç dels Horts
Sant Pere de Ribes
Sitges
Vilanova i la Geltrú
Cunit
Calafell
el Vendrell
Coma-ruga
Creixell de Mar
Tamarit de Mar
RRAGONA
Vallès Occidental
Caldes de Montbui
Penedès
Garraf
Anoia
Castellet
Canyelles
Olivella
Begues
Gelida
Piera
Òdena
Jorba
Copons
Rubió
Bellprat
Montalegre
Esblada
Querol
Les Ordes
Can Llenas
Aiguaviva
Santes Creus
Vila-rodona
Rodonyà
Vilabella del Camp
Salomó
Bonastre
Roda de Berà
el Catllar
La Bisbal del Penedès
l'Arboç
Banyeres del Penedès
Guardiola de Font-rubí
St.Martí Sarroca
St.Quintí de Mediona
La Llacuna
Canaletes
Lavit
Puigdàlber
El Badorc
Castellar del Vallès
Barberà del Vallès
Monistrol de Montserrat
Collbató
Bruc
Castellolí
La Pobla de Claramunt
St.Martí de Tous
St.Margarida de Montbui
La Pobla de Carivenys
Aguiló
St.Coloma de Queralt
La Panadella
St.Antolí i Vilanova
St.Guim de Freixenet
N-340
C-31
C-32
C-15
C-37
C-51
C-58
C-241
C-1412
N-II
A7
A2
E9
E15
D a u r a d a

1 Montsià – La Foradada, 686 m

Kataloniens südlichster Berg – ein Logenplatz über dem Ebrodelta

Cocò de Jordi – Font de Burgar – Mas de Mata-redona – La Foradada – La Rueda – Font de Burgar – Cocò de Jordi

Ausgangspunkt: Sant Carles de la Ràpita; von hier auf der Nordseite der Ortschaft am Camp de futbol vorbei aufwärts (Schild: Serralada Montsià), über die N-340 geradeaus weiter (Schild 10 m nach der Kreuzung: Cami de Mata-redona), immer asphaltiert aufwärts bis zum Straßenende: kleiner Parkplatz Cocò de Jordi, 250 m (3,1 km von der N-340, 5 km von der Plaça Carles III aus).
Gehzeiten: Cocò de Jordi – Font de Burgar 40 Min., Font de Burgar – Mata-redona 25 Min., Mata-redona – La Foradada 25 Min. (Aufstieg insgesamt: 1½ Std.); La Foradada über La Rueda nach Font de Burgar 45 Min., Font de Burgar – Cocò de Jordi 30 Min. (Abstieg insgesamt: 1¼ Std.); Gesamtzeit: 2 Std. 45 Min.
Höhenunterschied: 436 m.
Anforderungen: Leichte Bergwanderung auf gut markierten, teils gerölligen Wegen.
Karte: ICC 22 Montsià, 1:50.000.
Einkehr: Keine, Trinkwasser bei Font de Burgar.
Variante: Von La Foradada auf dem GR 92 weiter bis Ulldecona (+ 3 Std.).

Mas de Mata-redona.

Der Montsià ist einer dieser rauen schönen Kalkberge des Mittelmeerraumes, der südlichste von Katalonien. Trotz seiner geringen Höhe von nur gut 700 m ist er dank seiner freien Lage ein hervorragender Balkon über dem Ebrodelta. Höhepunkt unserer Wanderung ist die Besteigung des nordöstlichsten Gipfels, der Foradada, einem grandiosen Felsenfenster im Kalksteingrat des Montsià, aus dem sich herrliche Tiefblicke über das Delta ergeben, wo Wasser und Land vielfältig ineinander übergehen.
Beim Parkplatz **Cocò de Jordi** finden wir eine (etwas verwirrende) Übersichtstafel und daneben den Beginn unseres Weges. Der meterbreite, weiß-gelb markierte PR führt uns in knapp 5 Min. zu einem ersten Wegweiser, bei dem wir zu unserer Rechten geradeaus Richtung *Font de Burgar/ Mas de Mata-redona/La Foradada* gehen. Nach einer weiteren Viertelstunde gelangen wir in einem Waldstück auf einem ebenen Platz (ehemaliger Köhlerplatz) zum nächsten Wegweiser mit den gleichen Aufschriften. Wir folgen geradeaus weiter dem Weg, der nun schmäler wird. An den Resten eines Kalkofens *Forn de calç* vorbei geht es durch ein Tal aufwärts, dann in 2 Kehren rechts durch die Flanke, wo der GR 92 von rechts zu uns stößt. Wir folgen dem nun doppelt markierten Weg nach links und erreichen so nach insgesamt 40 Min. Wanderung die **Font de Burgar**, eine Terrasse im Bachgrund mit zwei eingelassenen Brunnenbecken (Trinkwasser beim oberen

Einfluss neben der Namensanschrift). Wir haben eine Rast verdient und können dabei auch die hier angebrachten Hinweistafeln der *Àrea interpretativa del bosc del Burgar* studieren. Sie informieren uns u.a. über den Aufbau von Kalköfen (zwei weitere prachtvolle Beispiele sind zu besichtigen), über die Vögel und die übrige Fauna, die Vegetationsarten, die Geologie und die Hydrologie; viele Zeichnungen und Fotografien illustrieren die katalanischen Texte.
Schließlich setzen wir unsere Wanderung beim Wegweiser nach rechts Richtung *Mas de Mata-redona* fort. Der Weg ist nun deutlich schlechter als zuvor, aber immer noch gut zu gehen und klar weiß-rot markiert. So gelangen wir in einer knappen halben Stunde zu den Ruinen des Mas de Mata-redona, einem eindrucksvollen Gehöft auf der Hochebene. Nun werden die Wegmarkierungen spärlich; wir halten über dem Gehöft nach links und gehen auf Pfadspuren praktisch horizontal in Richtung des Hauptgrates. Zu unserer Linken können wir erste Tiefblicke aufs Ebrodelta genießen und – etwa 7 Minuten von Mata-redona entfernt, wo wir die Grathöhe erreichen – auch zur Rechten Ausblicke auf die Ebene von Ulldecona und hinaus ins Maestrat. Auf schmaler Spur durch das niedere Gestrüpp halten wir geradewegs auf den Berghang zu, den wir bei einem Wegweiser erreichen. Geradeaus führt uns die Spur steil aufwärts in 10 Min. zur **Foradada**, 686 m, die ganz überraschend vor uns auftaucht und uns in Bann schlägt. Es lohnt sich, vom Felsenfenster aus auch nach links wenige Meter auf den Felsgipfel zu klettern, von wo sich eine umfassende Tiefsicht auf die Ebromündung von Tortosa bis hinaus zu den noch kaum sichtbaren Untiefen des Deltas ergibt. Im Nordosten ist der Naturpark del Port mit dem Caro (1442 m) nicht zu übersehen.
Wir genießen eine ausgiebige Rast im und um das Fenster der Foradada. Den Abstieg beginnen wir an der gleichen Stelle, an der wir angekommen sind, halten aber 5 m unter der Foradada nach rechts in Richtung des Wegweisers, den wir auf dem Grat unter uns sehen können. Weiß-gelbe Markierungen leiten uns zu ihm. Es geht nun geradeaus weiter Richtung *La rueda, Font de Burgar* und wir folgen stets den deutlichen Markierungen, auf angenehm fallendem Weg erst über den Gratrücken, dann rechts absteigend. Etwa eine halbe Stunde unter dem Gipfel quert der Weg nach links über einen Drahtzaun und leitet in weitem Bogen zurück zur **Font de Burgar** (45 Min. vom Gipfel). Von hier wandern wir auf dem uns schon bekannten Weg abwärts und erreichen in einer gemütlichen halben Stunde den Parkplatz bei **Cocò de Jordi**.

Rast im Felsenfenster Foradada.

2 Faig und Pi Gros del Retaule, 1100 m

Botanische Besonderheiten: der südlichste Buchenwald Europas, die mächtigste Pinie Kataloniens und ein tausendjähriger Baum

Font del Teix – Mirador del Retaule – Font del Retaule – Faig del Retaule – Pi gros – Mirador – Font del Teix

Ausgangspunkt: Font del Teix, 740 m; Zufahrt von *La Senia* auf der TV-3102 bis zum Stausee *Pantà d'Ulldecona*; unmittelbar nach der Brücke über den See geht rechts eine schlecht befahrbare Schotterpiste ab; ihr knapp 11 km folgen bis zur Font del Teix unterhalb eines riesigen Felsblocks zur Rechten und einer kleinen Parkmöglichkeit zur Linken, 45 Min. Fahrzeit ab Brücke.
Gehzeiten: Aufstieg bis Font del Retaule 1 Std. 20 Min., Abstecher zum Faig del Retaule 45 Min., Font del Retaule – Pi Gros 10 Min., Abstieg 1 Std., Gesamtzeit: 3 Std. 15 Min.
Höhenunterschied: 360 m.
Anforderungen: Bequeme Forstpisten und -wege, nur im Aufstieg zum Pi Gros und kurz im Abstieg steil.
Karte: ICC 22 Montsià, 1:50.000 / El Mapa Alpina Els Ports, 1:40.000.
Einkehr: Keine.

Irgendwo im Wald, fast am Ende der Welt, fernab jeder menschlichen Behausung, eine Wanderrunde drehen? Ein seltsames Unterfangen, wären da nicht diese bizarren Felsformationen am Retaule und diese Bäume: der Buchenwald mit dem 1000-jährigen Stammvater *Faig Pare* und die riesige Pinie, beide kränkelnd, aber zäh.

Wir gehen von der **Font del Teix** auf der Piste weiter, erst 5 Min. im Tal, dann rechts steil ansteigend und schließlich in weitem Bogen in 45 Min. hinauf zum **Mirador del Retaule** (Gratsporn links der Piste). Wir folgen weiter der Piste, die hier manchmal mit einer Kette verschlossen ist. Nach 20 Min. gelangen wir zu einer Verzweigung, an der wir uns weiterhin auf einer Piste nach rechts orientieren und nach 10 Min. erneut eine Verzweigung erreichen. Gleich zur Rechten liegt die schöne Brunnenanlage der **Font del Retaule**, wo wir später den Abstieg beginnen werden. Zunächst gehen wir an der Verzwei-

Bizarre Felsformationen am Retaule.

gung auf der Piste nach links entlang weiß-gelber Markierungen noch höher und kommen nach 20 Min. zum Buchenwald **Faig del Retaule**, der hier eine geschützte Nische und die richtigen Lebensbedingungen gefunden hat. Rechts der Piste finden wir auch den *Faig Pare*, die Vaterbuche mit ihrem imposanten Wurzelwerk. Wir kehren auf dem gleichen Weg zur **Font del Retaule** zurück. Diesmal wählen wir den Fußpfad, der vor der Font hangeben weiterführt. Bereits nach einer guten Minute entdecken wir zur Linken eine Wegspur, die steil in der Falllinie den Wald hinaufführt. Wir steigen knapp 5 Min. auf diesem deutlichen Pfad in die Höhe und stehen unvermittelt vor der **Pi Gros**, mit ihren 5 m Stammumfang angeblich die größte Pinie Kataloniens, jahrhundertealt, teilweise noch im Saft, teilweise abgestorben.
Anschließend steigen wir wieder zum Fußweg ab, dem wir nun weiter folgen. Er führt uns sicher und angenehm – nur auf den allerletzten 20 m steilschuttig – unter den Felsen durch in knapp 20 Min. zur uns schon bekannten Kette beim **Mirador**. Das direkte Weglein von hier hinunter zur Font del Teix ist stark überwachsen und schlecht zu finden; wir folgen also besser wieder der Piste und gelangen so zurück zur Font del Teix.

3 Cova del Vidre, 1060 m

Rundtour über die Serra de Caro

Coll de la Carrasqueta – Cova del Vidre – Font de Cova Avellanes – Coll de la Carrasqueta

Ausgangspunkt: Coll de la Carrasqueta, 1080 m; Zufahrt von Tortosa über T-342 bis zu einer Verzweigung bei km 19, dort rechts Richtung Fredes – Beseit auf asphaltierter Straße bis Verzweigung: Links schlechte Naturpiste aufwärts, rechts Asphaltstraße abwärts zu 180°-Wende. Wir wählen die schlechte Naturpiste aufwärts und erreichen nach 200 m einen kleinen Parkplatz und den Beginn des GR-7.
Gehzeiten: Coll de la Carrasqueta – Cova del Vidre 1 Std. 50 Min., Cova del Vidre – Font de Cova Avellanes 2 Std., Font de Cova Avellanes – Coll de la Carrasqueta 40 Min., Gesamtgehzeit: 4½ Std.
Höhenunterschied: 250 m.
Anforderungen: Bergwanderung auf schmalen anspruchsvollen Wegen, teilweise schlecht markiert.
Karte: ICC 22 Montsià, oder: ICC 9 Baix Ebre, beide 1:50.000 / Mapa Alpina Els Ports, 1:40.000 (Achtung: auf allen Karten sind sowohl die Lage der Cova del Vidre als auch die Wegführungen ungenau angegeben!).
Einkehr: Keine, saisonal Restaurants vor Coll de la Carrasqueta.

Der Caro ist mit seinen 1442 m der höchste Gipfel des südlichen Kataloniens. Sein höchster Punkt ist durch eine gewaltige Antennenanlage und Straßen verunstaltet, sodass sich eine Besteigung nicht lohnt. Umso großartiger ist dafür die hier beschriebene Tour über den langen Südwestgrat!

Beim Coll de Pallers auf dem Südwestgrat des Caro.

Beim **Coll de la Carrasqueta** schlagen wir den signalisierten GR-7 ein zum Gratübergang *Coll de Pallers*. Weiter dem gut markierten GR folgend, steigen wir etwas ab und queren dann auf und ab durch die Flanke, wahrscheinlich von Steinböcken beobachtet. Wir erreichen eine schöne Alpweide und 20 Min. später die **Cova del Vidre**, 1060 m.

Auf dem GR geht es weiter zu einer Piste und einer Kreuzung. Wir bleiben geradeaus auf der Alpstraße Richtung *Font de la Llagosta*. Wir erreichen nach einer Viertelstunde ein neu erstelltes Wasserbecken und 50 m weiter die alte Font. Jetzt aufgepasst: Wir folgen noch 20 m der Alpstraße und verlassen sie und damit auch den GR nach rechts aufwärts auf einer Wegspur, die bald mit roten Strichen markiert ist. Anfänglich sind die Spuren undeutlich und wir müssen sorgfältig auf die Markierungen achten; erst etwas höher, wo der Wald dichter wird, wird der Weg klar erkennbar, dafür fehlen nun die Markierungen. Der schöne Weg läuft in einer Art Bachrunse landschaftlich großartig in einer knappen halben Stunde auf die Höhe. Wir halten dort links, steigen auf dem buchsüberwachsenen Weg noch 5 Min. leicht an. Bei roten Wegmarken auf Steinen finden wir den steilen Abstieg auf der Hinterseite. Nach 10 Min. Abstieg geht es etwas unvermittelt wieder rechts aufwärts. Der Weg führt stets leicht steigend in 25 Min. zu terrassiertem Gelände auf einem Pass, wo vor uns der Caro sichtbar ist. Wir gehen geradeaus weiter, indem wir die Markierungen und Steinmännchen beachten. Bald geht es abwärts, weiß-gelbe Markierungen tauchen auf und nach knapp 10 Min. die *Font del Marturi* mit zwei langen Baumstämmen. 10 m nach der Font verlassen wir den deutlichen Weg (rote Marke am Boden), gehen links Richtung Norden abwärts, bald an einer Höhle vorbei. Der Weg senkt sich nun steil und geht erst rechts, dann links ausweichend durch eine Runse hinunter zur **Font de Cova Avellanes**. Hier orientieren wir uns rechts auf der Piste an den Rastplätzen vorbei und stoßen nach 300 m auf eine Kreuzung. Wir schlagen die Piste ganz nach rechts ein und erreichen auf ihr in 40 Min. den Ausgangspunkt.

4 Estrets d'Arnes, 580 m

Durch faszinierende Felsengen zu Picassos Höhle

Parkplatz südlich Arnes – Area de Franqueta – Cova de Picasso – und zurück

Ausgangspunkt: Arnes, 500 m; südöstlich des Dorfes (beim Gemeindehaus) einer Asphaltpiste folgend 4 km bis zum Parkplatz vor der Schlucht; (zu Fuß auf weiß-gelb bezeichnetem PR 3 km der Straße folgend, dann rechts direkt zur Schlucht).
Gehzeiten: Parkplatz – Franqueta 1½ Std., Rundweg zur Cova de Picasso ¾ Std., Rückweg 1¼ Std., gesamt: 3½ Std.
Höhenunterschied: 100 m.
Anforderungen: Leichte Wanderung auf gebauten Fußwegen; die Überquerung einer schmalen Betonbrücke nach einer halben Stunde kann Schwindelgeplagten trotz des Drahtseilgeländers Mühe bereiten.
Karte: ICC 37 Terra Alta, 1:50.000; Editorial Piolet, Mapa excursionista El Port Nord, 1:30.000.
Einkehr: Keine.
Variante: Nur den Anfang der Schlucht besichtigen.
Hinweise: Bademöglichkeiten im Fluss, bei Area de Franqueta Grillstellen und Kinderspielplatz.
Tipp: Das *Centre Picasso* in Horta de Sant Joan dokumentiert die zwei Schaffensperioden des jungen Picasso in der Gegend, u.a. mit einem Bild des *Mas de Quiquet*.

Die Estrets sind eine enge Schlucht von berückender Eindringlichkeit zwischen 150 m hohen nackten Felswänden. Sie lässt sich in ihrer ganzen Länge auf flachem Weg über einer Wasserleitung bequem begehen. Weiter bergeinwärts weitet sie sich etwas, wird bewaldet und lässt Lebensraum für Bauernhöfe: den Mas de la Franqueta und den Mas de Quiquet. In deren Nähe lebten 1898 der 17-jährige Picasso und sein einheimischer Freund Pallarès in einer Höhle und malten.

Vom **Parkplatz** gehen wir mit wenigen Schritten abwärts zum Beginn der Schlucht. Auf dem unverkennbaren Weg zwischen den Felswänden wandern wir eine halbe Stunde bis zu einer schmalen Brücke, auf der wir auf die andere Talseite wechseln. Stets nur schwach steigend erreichen wir nach insgesamt knapp 1½ Std. den Freizeitplatz von **Mas de la Franqueta**, der von Horta aus auch mit dem Auto erreicht werden kann. Ausgedehnte Picknickanlagen und ein Kinderspielplatz am Fluss laden zur Rast.
Ein Wegweiser weist uns den Zugang zur *Ruta Cova de Picasso*: wir steigen südwärts auf breiter Naturpiste an, bis nach 10 Min. ein Fußweg links abgeht. Er führt uns zu den Resten eines Kalkofens und dann als gebauter, bequemer Fußweg durch den Wald in die Schlucht hinter Mas de la Franqueta. Nach einer halben Stunde finden wir rechts des Weges, 20 m aufsteigend, die **Cova de Picasso**, einen Felsüberhang mit einigen vorgeschichteten Steinen, eine wenig komfortable Bleibe.
Der Weiterweg führt noch 2 Min. in die Schlucht hinein, dann über eine Brücke zum Fahrweg auf der anderen Seite und auf diesem wieder talauswärts. Kurz vor dem Ende der Picasso-Rundtour lohnt der 2-minütige Aufstieg rechts zum prächtigen *Mas de Quiquet*, der seinerzeit von Picasso in einem Frühwerk festgehalten wurde.
Von dort auf dem bezeichneten Weg zurück zum Mas de la Franqueta und auf dem gleichen Weg durch die Schlucht zurück zum Ausgangspunkt.

Die faszinierende Enge der Estrets.

5 Roques de Benet, 1016 m

Kurze, großartige Bergtour auf beeindruckende Felsen

Abzweig Straße – Einstieg Bergweg – Gipfel El Castell – Abstieg – Abstecher – Abzweig

Ausgangspunkt: Von der Straßenkreuzung der T-330 mit der T-334 südlich Horta de Sant Joan führt eine Asphaltpiste südwärts, bezeichnet *Els Ports*. Man folgt dieser Asphaltstraße (die zur Freizeitzone von Franqueta führt; vgl. Tour 4) 4,7 km weit, wo die erste breite Naturpiste links abzweigt (50 m nach Überresten einer Barrierenanlage). Diese Abzweigung ist Ausgangspunkt, 560 m.
Gehzeiten: Piste bis Bergweg 40 Min., Bergweg bis Gipfel 40 Min., Abstieg bis Abstecher 40 Min., Abstecher 50 Min., Rückweg bis Ausgangspunkt 20 Min., gesamt: 3 Std. 10 Min.
Höhenunterschied: 456 m.
Anforderungen: Der Aufstieg verläuft neben dem Gipfelturm in einer sehr steilen Rinne mit teilweise losem, grobem Geröll, ist aber nicht ausgesetzt. Schwindelfreiheit ist nirgends wirklich erforderlich, wenn man auf dem Gipfel den Abstand wahrt.
Karte: ICC 37 Terra Alta, 1:50.000; Editorial Piolet, Mapa excursionista El Port Nord, 1:30.000.
Einkehr: Keine.
Hinweise: Die Roques sind Klettergebiet mit langen Sperrzeiten, um die nistenden Vögel zu schonen. Hinweise dazu und zu neuen Routen in der Bar *Grau* in Horta de Sant Joan.
Tipp: Nach der Tour noch weiter auf der Asphaltstraße bis zur *Area de Franqueta* fahren und dort rasten.

Die Roques de Benet sind drei markante frei stehende Felstürme von magischem Aussehen. Sie prägen den Westrand des Naturparks El Port. Sie scheinen unbezwingbar, doch führt uns ein schmaler Weg auf ihren Hauptgipfel: ein großartiges Landschaftserlebnis!

Von der **Asphaltstraße** aus folgen wir der breiten Naturpiste aufwärts gegen die senkrechten Felswände der Roques. Nach einer halben Stunde geht links hangeben die Straße ab, die wir auf dem Rückweg für den Abstecher benutzen werden. Jetzt steigen wir rechts noch 10 Min. weiter auf der Straße auf bis zu einem Fels mit roter Aufschrift *Roca en Benet, Cami*. Etwas unterhalb bei einem Steinmann finden wir den Beginn eines schmalen, unverkennbaren **Bergwegs**, dessen schwach roten Markierungen wir folgen. Nach 20 Min. erreichen wir

Roques de Benet; links »Cap de Gos« (Hundekopf), rechts der Hauptgipfel »El Castell«.

einen Sattel vor den Felswänden; die Wegspur führt nun rechts durch eine sehr steile, bis mittags schattige Felsrinne aufwärts. Nach einer Viertelstunde gelangt man zu einem schönen, breiten Bergrücken, dem man horizontal nach links folgt und so eine weite Mulde erreicht. Dort gleich wieder links ansteigend sind wir in 5 Min. auf dem **Gipfelplateau** mit der atemberaubenden Aussicht angekommen.

Für den **Abstieg** können wir zuerst kurz dem Gipfelgrat nach Norden bis in die Einsattelung vor dem nächsten Aufschwung folgen, um wieder zur Mulde zu gelangen. Wir gehen den identischen Weg zurück bis zur Straße und wandern auf ihr knapp 10 Min. abwärts bis zur erwähnten **horizontalen Straße** nach rechts. Auf diesem hervorragend schönen Sträßchen unter den Nordwänden erhalten wir großartige Einblicke in die Felsstrukturen und weite Ausblicke übers Land, können dem Flug der Geier zusehen, die hier nisten und mögliche Kletterrouten fantasieren. Es empfiehlt sich, etwa eine halbe Stunde auf dem Sträßchen zu wandern bis zu einer Krete, wo es sich zu senken beginnt. Dann gehen wir auf dem gleichen Weg zurück und steigen schließlich auf der breiten Piste wieder ab.

6 Tossal d'Engrilló, 1073 m

Große Rundwanderung durch die Montsagres

Paüls – Coll de la Gilaberta – (Abstecher Punta de l'Aigua) – Font Montsagre d'Horta – Tossal d'Engrilló – Montsagre de Paüls – Paüls

Weite Ausblicke über die Terra Alta vom Gipfel des Tossal d'Engrilló.

Ausgangspunkt: Paüls, Plaça Major, 350 m.
Gehzeiten: Paüls – Gilaberta 2 Std., Abstecher zum Gipfel Punta de l'Aigua ¾ Std., Gilaberta – Font Montsagre d'Horta ½ Std., Montsagre d'Horta – Tossal d'Engrilló 1 Std., Tossal d'Engrilló – Montsagre de Paüls ¾ Std., Abstieg 1¾ Std., gesamt: 6¾ Std.
Höhenunterschied: 730 m.
Anforderungen: Anstrengende Bergwanderung auf einsamen schmalen Bergpfaden.
Karten: ICC 37 Terra Alta, 1:50.000, oder Editorial Piolet, Mapa excursionista El Port Nord, 1: 30.000.
Einkehr: Keine, ganzjährig Wasser an der Font Montsagre de Paüls.
Variante: Punta de l'Aigua auslassen.
Hinweis: In den Montsagres besteht eine hohe Wahrscheinlichkeit, Steinböcken zu begegnen.
Tipp: Bei stabilen Wetterverhältnissen ist eine Freiluftübernachtung im Montsagre de Paüls ein großartiges Erlebnis (idealer Biwakplatz südöstlich der Font auf der linken Seite des Tälchens); von dort lässt sich unschwierig auch die Mola Grossa, 1046 m, besteigen.

Die Montsagres sind ein weites abgelegenes Bergland, in dem sich karge Grate und Wände abwechseln mit lichten Bergwäldern, wasserreichen Quellen und Weiden, ein Paradies für Ziegenherden und viele Wildtiere. Unsere Wanderung steigt durch steile Schluchten auf weite Höhen und aussichtsreiche Gipfel, durchquert schöne Wälder und karge Hänge, um schließlich durch Felsenschluchten wieder den Ausgangsort zu erreichen.

Von der **Plaça Major** wandern wir aufwärts zum Friedhof, hinter dem wir einen Wegweiser finden. Wir folgen für gut 10 Min. den weiß-roten Markierungen des GR und verlassen ihn dann wieder, indem wir links Richtung *Coll de la Gilaberta* ansteigen. Gelegentliche rote Markierungen begleiten unsern Weiterweg, zuerst auf schönem Sträßchen bis zum Zaun einer Finca, dann diesem Zaun entlang steil aufwärts zu einer Olivenplantage (gut 30 Min. seit Beginn). Wir halten uns auf Fahrspuren nach links und finden am Ende der Kulturterrasse einen Steinmann und eine rote Markierung. Wir steigen auf der nun deutlichen Wegspur zunächst knapp 10 Min. links durch Wald auf, worauf sich der Weg nach rechts wendet (Steinmännchen und schwach rote Markierung) und in einer weiten Passage nach rechts auf den Grat vor einer Schlucht führt. Von hier steigen wir auf unverkennbarem

schönem Bergweg auf, zuletzt steil in harter Arbeit die letzten 200 Höhenmeter überwindend, bis wir nach knapp 2 Stunden den breiten Wiesenrücken des **Coll de la Gilaberta** erreichen. Wir haben eine ausgedehnte Rast verdient; dann wenden wir uns beim Mehrfachwegweiser nach links. Wir steigen zunächst weglos über den Rücken auf, finden nach kurzem schwache Wegspuren, die bald deutlicher werden und schließlich gar weiß-gelbe Markierungen zeigen. Sie führen uns rechts durch die Flanke in 10 Min. auf einen Gratpass, auf dem wir uns nach links wenden. Unschwierig steigen wir über die Gratfelsen auf und stehen nach weiteren 10 Min. bereits auf dem wunderschönen Gipfel der **Punta de l'Aigua**,1091 m. Auf dem gleichen Weg kehren wir zum Coll de la Gilaberta zurück.
Beim Wegweiser folgen wir nun den weiß-gelben Markierungen Richtung *Font Montsagre d'Horta*: zuerst links durch die Felsen einer Bergflanke in einer Viertelstunde auf einen Gratübergang und dahinter auf sanften Weiden und durch einen lichten Bergföhrenwald bis zum Brunnen der **Font Montsagre d'Horta** in einem weiten Bergkessel. Vom Brunnen gehen wir noch 10 Min. weiter auf dem weiß-gelb markierten PR Richtung *Montsagre de Paüls*, zuerst leicht ansteigend, dann durch zauberhafte Wälder. Am Ende des Waldes, bevor der PR sich zu senken beginnt, verlassen wir diesen und gehen links weglos durch die Flanke ansteigend Richtung Gratgipfel. Wir erreichen nach einer Viertelstunde die Fahrpiste, der wir aufwärts zum Feuerbeobachtungsposten auf dem **Tossal d'Engrilló**, 1073 m, folgen. Wir steigen auf den Gipfel, fantastisch über den senkrechten Nordwänden gelegen, und genießen die weiten Ausblicke über die Terra Alta gegen die unendlichen Weiten von Arragon.
Eine halbe Stunde wandern wir auf der Piste abwärts weiter bis zum *Coll Roig*, der einen ausgedehnten Teich trägt. Wir wenden uns nach rechts und stoßen auf weiß-rote Markierungen des GR 171, dem wir für den Abstieg folgen. Die Wegspuren und Markierungen sind zunächst etwas undeutlich; jedenfalls müssen wir etwas rechts Richtung des gut sichtbaren Brunnens der **Font Montsagre de Paüls** halten. Die Quelle trägt zu allen Jahreszeiten reichlich Wasser. Der Weiterweg ist trotz des Wegweisers unklar: Wir gehen nach dem langen Brunnen, also auf der Westseite, gerade abwärts 50 m gegen eine Waldpartie, wo ein kleines Tälchen beginnt. Stets auf der rechten Seite dieses Tälchens halten wir uns weiter abwärts, bis wir (spätestens 2 Min. nach der Font) auf den GR stoßen. Auf diesem steigen wir steil hinab auf rauem, schmalem Bergweg, mehrmals den Bachgrund querend, bis der Weg rechts aus der Schlucht herausführt. Auf neuer Flanke geht es wieder steil abwärts, dann rechts durch ein weites Felsenrund. Nach einer guten Stunde Abstieg ist das Ende des Bergwegs erreicht; wir folgen 3 Min. einer Piste und biegen nach links wieder mit dem GR ab. 10 Min. später erreichen wir die Stelle, wo wir beim Aufstieg vom GR abgezweigt sind. Auf gleichem Weg kehren wir nun in einer Viertelstunde nach **Paüls** zurück.

Montsagre de Paüls.

7 Muntanya de Santa Barbara, 749 m

Einsiedeleien auf magischem Berg – die Pyramide von Horta de Sant Joan

Horta de Sant Joan – Sant Salvador d'Horta – Muntanya de Santa Barbara – Horta de Sant Joan

Ausgangspunkt: Horta de Sant Joan, Plaça Catalunya, 525 m.
Gehzeiten: Horta – Sant Salvador 30 Min., Aufstieg bis Gipfel 1 Std., Abstieg 30 Min., Rückweg 30 Min., gesamt: 2½ Std.
Höhenunterschied: 400 m.
Anforderungen: Größtenteils schmale Fußwege mit grobem Geröll.
Karten: ICC 37 Terra Alta, 1:50.000/ Editorial Piolet, Mapa Excursionista El Port Nord, 1:30.000.
Einkehr: Keine, Bars und Restaurants in Horta.
Hinweis: Das *Ecomuseu* dels Ports in Horta vermittelt viele wertvolle Hinweise zur Natur in der Gegend; geöffnet 11–13.30/samstags auch 17–20 Uhr. Hier kann auch der Schlüssel für die Kirche Sant Salvador ausgeliehen werden.

Horta de Sant Joan verdankt seine Berühmtheit Pablo Picasso. Er lebte und malte hier als junger Mann, zeitweise auch mit seiner Geliebten Fernande. Gerne besuchte er auch den *Muntanya de Santa Barbara* (auch *Tossal d'Horta* oder *Pic de l'Ermità*): eine eindrückliche, schroffe Pyramide voll verlassener Einsiedeleien. Unsere Wanderung führt durch die Felder zur Ermita *Sant Salvador*, dann auf alt gebauten Pilgerwegen um den Berg herum zum Gipfel, wo uns faszinierende Tiefblicke auf Horta und weite Ausblicke in die Ports erwarten. In steilem Abstieg geht's wieder hinunter zur Ermita.
Wir verlassen **Horta** nach dem *Centre Picasso*, wo wir am Dorfrand ein Hinweisschild *Convent de Sant Salvador* finden. Die Asphaltstraße führt uns immer geradeaus abwärts, bis wir einen langen Viehstall passieren, um beim dortigen Wegweiser rechts abzuschwenken. An einer Malstelle von Picasso vorbei gelangen wir zur schönen Kirchenanlage von **Sant Salvador d'Horta**.

Muntanya de Santa Barbara.

Zur Fortsetzung gehen wir links an der Kirche entlang; genau an deren Ende zweigt links eine deutliche Wegspur ab. Wir folgen diesem schönen Weg unter den Nordwänden durch, bis er nach einer knappen Viertelstunde nach rechts zu steigen beginnt. Nach der *Cova de Sant Salvador*, einer komfortablen Grotte mit Quelle, steigen wir steiler auf unverkennbarem Weg in die Höhe. Gelegentlich zeigt der Weg mit Zypressen und hervorragender Bauweise pilgerliche Großzügigkeit. Nach einer guten halben Stunde erreichen wir bei der zerfallenen *Ermita Sant Antoni* einen Sattel. Der Weg verläuft nun auf einem breiten Felsband hoch über dem Tal durch die Südwand. Kurz nach *Sant Antoni* können wir zur Rechten Befestigungen und Wassereinrichtungen aus dem Bürgerkrieg sehen. Wir folgen weiter dem Band, das zuletzt schmal und steil wird und uns auf ein wunderschönes Hochplateau mit alten Zypressen bringt. Dort halten wir uns rechts und steigen weiter auf, wo wir nach 5 Min. den Gipfel von **Santa Barbara**, 749 m, erreichen: ein prachtvoller Rastplatz. Klettergewandte können auch die Traverse zum Gipfelkreuz unternehmen und die Tiefblicke zur Ermita genießen.
Der Abstieg erfolgt zuerst für 5 Min. auf dem gleichen Weg zurück bis zum Zypressenplateau. Dort wenden wir uns nach rechts und nehmen den Weg entlang den Zypressen. An deren Ende folgen wir erst leicht, dann steil abwärts den deutlichsten Spuren und erreichen so unschwierig nach einer halben Stunde die **Ermita de Sant Salvador**. Wir gehen auf dem gleichen Sträßchen, auf dem wir gekommen sind, wieder nach **Horta** zurück.

8 Puig Cavaller, 707 m

Aussichtsreicher Felsenreiter

Gandesa – Puig Cavaller – Mas d'en Torner – Fonteta – Gandesa

Ausgangspunkt: Gandesa, 370 m, ÖV: Busstrecke Tarragona-Alcanyis; südwestliches Dorfende an der Straße Richtung *Bot* (TV-3531): kleiner Park beim *Consejo Comarcal*.
Gehzeiten: Gandesa – Puig Cavaller 1¼ Std., Puig Cavaller – Mas d'en Torner ¾ Std., Mas d'en Torner – Fonteta ½ Std., Fonteta – Gandesa ¾ Std., gesamt: 3¼ Std.
Höhenunterschied: 380 m.
Anforderungen: Schmale, anspruchsvolle Bergwege; am Gipfelaufbau verläuft die Route über ein schmales Felsband, das Schwindelfreiheit verlangt.
Karte: ICC 37 Terra Alta, 1:50.000.
Einkehr: Keine.
Kombinationsmöglichkeit: Mit Tour 14: von Mas d'en Torner weiter auf die Serra de Pàndols und zum Monument de la Pau.
Tipp: In Gandesa lohnt der Besuch der *Bodega Cooperativa* von César Martinell: eine seiner schönsten Jugendstilkellereien (1919).

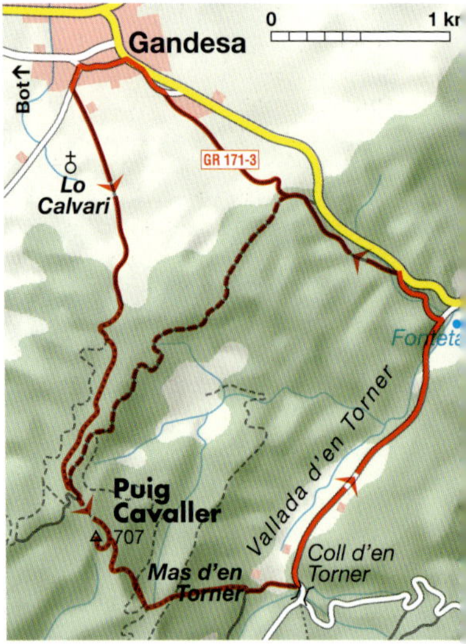

Gandesa ist Hauptort der Comarca Terra Alta. Der Puig Cavaller im Süden ist nur auf einem spektakulären Felsband zu besteigen und bietet auf der Höhe schöne Ausblicke über die Terra Alta und zu den prächtigen Bergen des Naturparks del Port. Unsere lohnenswerte Bergtour führt auf schönen Wegen aus dem Dorf hinauf zum Gipfel und in weitem Bogen durch ein Schutzgebiet wieder zurück.

Vom Ausgangspunkt wandern wir südwärts durch die *Carrer Calvari* aus dem Dorf hinaus entlang den weiß-gelben Markierungen des PR-C-27. 20 m nach dem letzten Haus gehen wir links auf eine Feldpiste, die geradewegs aufwärts in einer tief eingegrabenen Spur hinanführt. Etwas entfernt zur Rechten können wir das Beinhaus Lo Calvari sehen, bleiben aber stets auf dem markierten PR. Nach einer guten Viertelstunde verlässt dieser die Piste und geht jetzt rechts steil auf einen Grat. Kurz darauf finden wir einen alten Feldweg, dem wir Richtung Berg folgen. Bald beginnt ein schmaler Bergweg, der uns zuerst zur *Font del'Heura* bringt: einem Wasserloch vor einer Felswand. Wir steigen weiter auf dem gut markierten, unverkennbaren

Weg an. Nach insgesamt gut 45 Min. erreichen wir eine Piste, der wir nach rechts folgen. Bei den Anlagen eines Sendemastes endet die Piste; wir steigen auf schmalem Bergweg weiter gegen den Gipfel an. Unter dem Gipfelaufbau besteigen wir ein schmales Felsband, das uns nach links um die Gipfelfelsen herum aufwärts führt, bis wir auf eine Grathöhe gelangen. Um den Gipfel zu besteigen, müssen wir nun den PR verlassen: Wir folgen auf schmalem Weg 20 m weit den Gipfelfelsen bis an deren Westende, wo wir sie unschwer erklettern können und so auf dem aussichtsreichen Gipfel des **Puig Cavaller**, 707 m, angekommen sind.
Anschließend kehren wir auf den PR zurück. Er führt uns als schöner schmaler Bergweg mit leichten Kletterpassagen in munterem Auf und Ab über einige Grate und durch Flanken, bis er nach einer halben Stunde in ein Zwischental hinabsteigt. Dort erreichen wir bei einem auffälligen runden Wasserbehälter den **Mas d'en Torner**. Geradeaus weiter überqueren wir in 3 Min. die Ebene und gelangen so zu einer breiten Fahrpiste. (Diese führt nach rechts entweder auf die Serra de Pàndols oder hinunter nach Fontscaldes am Fluss »El Canaletes«, einem spektakulär schönen Ort, den man sonst nur auf der ehemaligen Eisenbahntrasse erreicht.) Wir wenden uns nach links und folgen für eine knappe halbe Stunde der Piste abwärts bis nach **Fonteta**, wo wir links auf den GR 171-3 abzweigen. Entlang seinen weiß-roten Markierungen gelangen wir auf schönem Weg in ¾ Std. zurück nach **Gandesa**.

Auf dem Puig Cavaller.

9 Serra de Pàndols – Monument de la Pau, 705 m

Rundwanderung zum aussichtsreichen Friedensdenkmal

La Fonteta – Santa Magdalena – Monument de la Pau – Coll d'en Torner – La Fonteta

Monument de la Pau.

Ausgangspunkt: Àrea recreativa de la Fonteta, 380 m, ca. 3 km südöstlich Gandesa an der C-43, Hinweisschilder.
Gehzeiten: La Fonteta – Santa Magdalena 1¾ Std., Santa Magdalena – Monument de la Pau ¼ Std., Monument – Coll d'en Torner ¾ Std., Coll d'en Torner – La Fonteta ½ Std,; Gesamtzeit: 3¼ Std.
Höhenunterschied: 325 m.
Anforderungen: Leichte Wanderung, aber teilweise schmale, steile, grobe Wege auf nur schwach markierten Wegen.
Karte: ICC 37 Terra Alta, 1:50.000.
Einkehr: Keine.
Kombinationsmöglichkeit: Mit Tour 8: vom Wegweiser beim Coll d'en Torner noch 50 m Richtung Fonteta gehen, dann links zum Mas d'en Torner (runder Wasserbehälter) und daneben auf markiertem PR über den Puig Cavaller; im Abstieg vom Puig knapp 5 Min. nach der Antennenanlage entweder links auf dem deutlich weiß-gelb markierten Weg direkt nach Gandesa oder auf der Fahrpiste bleiben bis ins Tal und dort auf dem GR nach rechts zurück nach La Fonteta.
Tipp: Das *Centro de Estudios de la Batalla del Ebro* an der Via Catalunya in Gandesa zeigt in einer eindringlichen Ausstellung die tragischen Umstände der Schlacht am Ebro.

Während des spanischen Bürgerkriegs kam es am Unterlauf des Ebro zur entscheidenden Schlacht: Ein Verteidigungspunkt an strategisch besonderer Lage befand sich auf der Serra de Pàndols. Unsere Wanderung läuft teilweise auf der »Ruta de la Pau«, die da und dort mit einer weißen Friedenstaube markiert ist, aus dem Tal hinauf auf die Serra zu einer Einsiedelei und zum Friedensdenkmal. Dort erinnern noch wenige Verteidigungshöhlen und ein großes Mahnmal an die dramatischen Ereignisse.

Von den Freizeiteinrichtungen von **La Fonteta** gehen wir auf dem GR 171-3 Richtung Osten; die neu erstellte Straße hat den GR aber weitgehend zerstört und wir müssen genau auf die Markierungen achten. Nach etwa 20 Min. vor einer Straßenkurve dürfen wir die weiß-rot markierte Abzweigung nach rechts nicht verpassen, die uns bald steil in die Schlucht hinunterführt. Dort unten finden wir eine Verzweigung des GR: Wir gehen rechts Richtung *Santa Magdalena*. Der schmale Pfad läuft unverkennbar zuerst gerade den Hang aufwärts, später ausholend hinauf auf einen Grat und auf diesem nach rechts. Wir folgen stets dem Weglein, das in weitem Bogen durch einen Talhintergrund auf einen zweiten Grat führt, wo wir die Aussicht genießen können (1¼ Std. seit Beginn). Etwas später erreichen wir einen alten Fahrweg und folgen diesem. Bei einem Steinmann biegen wir mit den weiß-roten Markierungen nach links wieder auf einen Fußweg ein, der uns in knapp 10 Min. nach **Santa Magdalena** bringt.

Wir finden den Weiterweg bei den Treppen hinter den Grillplätzen; weiter dem GR folgend gelangen wir nach 10 Min. zur breiten Piste, die uns nach links zum **Monument de la Pau** hinaufführt.

Der Rückweg verläuft zunächst wieder auf der Piste hinab bis zum Punkt, wo wir sie erreicht haben. Hier wenden wir uns nach links, folgen aber nicht dem GR (der noch weiter links gehen würde), sondern einem weiß-gelb bezeichneten PR. Er führt uns auf einer breiten Piste auf einen Grat, wo wir uns nach links orientieren. Anfänglich noch gut markiert und mit Pfadspuren, dann fast weglos, gehen wir immer in der breiten Feuerschutzschneise auf dem Rücken weiter. Nach etwa 10 Min. wird der Rücken zum schmalen Grat; unser Weglein geht nach rechts abwärts hinunter auf eine Piste. Wir folgen dieser nach links nur gute 2 Min. lang, um gleich wieder nach rechts abwärts zu gehen (undeutliche weiß-gelbe Spuren). Auf steilem Pfad gelangen wir in 10 Min. hinunter zu den Pisten und Wegweisern am **Coll d'en Torner**. Der Piste nordwärts folgend gelangen wir zurück zum Ausgangspunkt.

10 La Creu de Santos, 942 m

Auf schmalen Waldwegen zum Gipfel der Serra de Cardó

Balneari de Cardó – La Creu de Santos – Balneari de Cardó

Ausgangspunkt: Balneari de Cardó, 500 m, Zufahrt über TV-3021 von Rasquera.
Gehzeiten: Aufstieg 1¼ Std., Abstieg 1 Std., gesamt 2¼ Std.
Höhenunterschied: 450 m.
Anforderungen: Die Wanderung verläuft größtenteils auf unmarkierten Waldwegen, die etwas Spürsinn verlangen, sonst aber gut zu begehen sind.

Karte: ICC 9 Baix Ebre, oder ICC 37 Terra Alta, je 1:50.000.
Einkehr: Keine.
Hinweis: Der romantische Balneari de Cardó ist seit langem geschlossen und wegen Einsturzgefahr eingezäunt. Das Wasser wird jetzt als Mineralwasser abgefüllt.
Tipp: Der ganze Weg ist recht gut beschattet.

Das Creu de Santos ist der höchste Gipfel des weitläufigen und entvölkerten Schutzgebietes *Serres del Cardó – el Boix*. In seinen quellreichen Wäldern suchten Eremiten und Badende Heil und Heilung. Vom verlassenen Bad steigen wir an einer idyllischen Einsiedelei vorbei durch die Ruhe des Waldes auf zum einsamen Gipfelkreuz, schauen weit über karge Landschaften, bevor wir auf neuen Wegen wieder hinuntergehen.
Vom großen Wendeplatz beim **Balneari de Cardó** gehen wir auf der Naturpiste Richtung *Ermitori de la Vall de Cardó*. Bald taucht vor uns auf einem Felsblock die Einsiedelei *Sant Simeó* auf, und nach 5 Min. verläuft die Piste rechts. Hier gehen wir (gerade) links weiter über eine Kette und an einer kleinen Trinkstube vorbei auf einen breiten Waldweg. (Nach 2 Min. links Pfad zur Ermita: eine idyllische Einsiedelei mit 3 Stockwerken!) Der Waldweg ist eine überwachsene Fahrspur, die nach gut 5 Min. endet. Der unverkennbare Pfad führt weiter aufwärts. Gut 10 Min. höher treffen wir auf eine Wegspur, die von rechts kommt. Mit ihr gehen wir links höher. Weitere 10 Min. später windet sich der Weg durch große Felsbrocken, wo uns Steinmännchen den Weg weisen. Nach den Brocken steigen wir links steil in 1 Min. auf bis unter eine Felswand, wo ein frischer Felsab-

Der verlassene Balneari de Cardó.

bruch zu sehen ist. Wir wenden uns nach links und passieren vor der Felswand (Steinmännchen) wieder auf den schmalen Fußweg. Jetzt aufgepasst: 3 Min. nach dem Felsabbruch, genau an der Stelle, wo sich das Weglein zu senken beginnt, finden wir rechts unter einer Föhre ein kleines Steinmännchen und darüber eingeritzt auf einer Jagdtafel einen Weghinweis. Hier gehen wir rechts aufwärts und finden schwache weiß-gelbe Markierungen. Wir befinden uns nun auf einem schön gebauten Weg, der durch die Felsen im Wald aufwärts führt und dann weit nach rechts ausholt.
Nach insgesamt einer knappen Stunde Wanderzeit erreichen wir einen Grat und darauf einen deutlichen Weg. Hier gehen wir links (rechts werden wir später absteigen), wieder bei einer Jagdtafel mit Kratzwegweiser. Auf dem schönen Saumweg gelangen wir 10 Min. später zum Gipfelgrat und weiter aufsteigend in nochmals 10 Min. zum Doppelgipfel **La Creu de Santos** mit Beobachtungsposten, Geosäule und Kreuz.
Der Abstieg führt zunächst auf gleichem Weg zurück bis zur erwähnten Stelle, die wir nach einer Viertelstunde erreichen. Diesmal bleiben wir auf dem geradeaus führenden Weg; auch 1 Min. tiefer nehmen wir nicht den Weg, der horizontal links abzweigt, sondern steigen weiter (gerade) rechts abwärts. Bald erreichen wir eine altgebaute Font, die viel klares Wasser führt. Auf einem sehr schönen Waldweg wandern wir weiter abwärts, bis wir auf eine Piste treffen. Auf ihr gehen wir 100 m leicht abwärts auf eine neuere Piste, der wir rechts abwärts folgen. Nach einer Viertelstunde finden wir einen fantastischen rundgemauerten Mirador und gleich danach unseren Aufstiegsweg, auf dem wir in 5 Min. den Ausgangspunkt erreichen.

11 Miravet – Ruta de les Blores

Schlendertour vom Fluss zum Templerkastell

Miravet – Garrofer de l'Onso – Castell – Miravet

Ausgangspunkt: Miravet, Plaça de Arenal (der große Platz am Ebroufer), 20 m.
Gehzeiten: Miravet – Garrofer de l'Onso ¼ Std., Garrofer – Castell ½ Std., Abstieg ¼ Std., Gesamtzeit: 1 Std.
Höhenunterschied: 70 m.
Anforderungen: Von Miravet flussabwärts bis Garrofer de l'Onso schöne Dorfwege, dann über den Hügel des Castell de Miravet steile schmale Bergwege.
Karte: ICC 30 Ribera d'Ebre, 1:50.000.
Einkehr: Bars und Restaurants in Miravet.
Variante: Von Garrofer de l'Onso noch 5 Min. weiter gehen, dann links zum Fluss und weglos zwischen Plantagen und Schilf dem Ufer entlang zu mittelalterlichen Mühlenanlagen, ½ Std. hin und zurück; bei hohem Wasserstand nicht zugänglich.
Hinweis: Miravet ist ein schönes Dorf in bevorzugter Lage am Ebro, das alleine schon einen Besuch lohnt. Das Castell de Miravet hat islamische Ursprünge aus dem 11. Jh. und zeigt eine Keramikausstellung: im Winter 10–13.30/15–17.30, im Sommer 10–13.30/16–19.30; montags geschlossen, dienstags gratis.
Tipp: Mindestens einen Zugang nach Miravet von der C-230 über den Pas de Barca – die Autoflussfähre – nehmen!

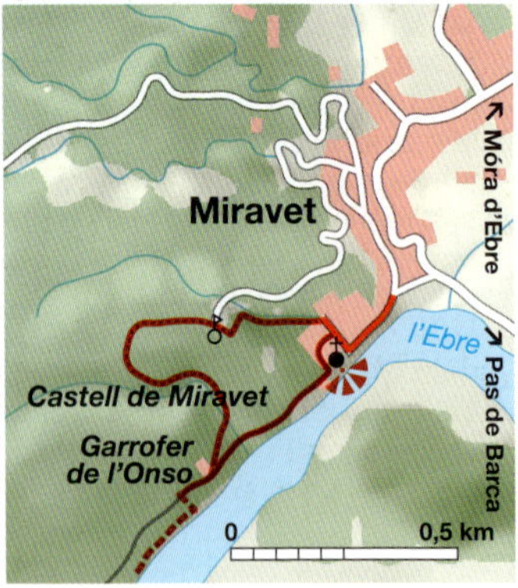

Von der **Plaça de Arenal** gehen wir flussabwärts durch die untersten Gassen bis zu einer Hinweistafel, die auch unsere Route – *Ruta de les Blores* – zeigt. Wir wenden uns bei ihr nach links, steigen neben der Kirche auf und verpassen keinesfalls am oberen Ende der Kirche den schmalen Durchgang zum schönen Mirador über dem Ebro. Weiter durch die Gasse südwestwärts finden wir nach den letzten Häusern die Hinweistafel *Cap de la Vila*. Wir gehen links abwärts auf einem schönen breiten Steinweg in 2 Volten in die Tiefe an vielen Kakteen vorbei. Am Fuß des Weges nennt uns eine weitere Hinweistafel den Namen *Costa de Riago*. Auf dem gleich folgenden Feldweg steigen wir wieder etwas an und kommen nach insgesamt einer Viertelstunde zur Wegstelle **Garrofer de l'Onso**. Hier können wir nach Lust noch weiter geradeaus gehen entlang gelb-weißer Markierungen und uns nach 5 Min. nach links zum Ebroufer wenden, wo sich der Weg verliert. Sonst steigen wir hier nach rechts an Richtung *Castell*. Es ist ein steiler, grober, manchmal etwas überwachsener Weg, der nur gelegentlich zeigt, dass er ursprünglich mit Stei-

Miravet am Ebro.

nen gebaut wurde. Bei einem Wegweiser steigen wir weiter nach links an unter die Burg. Wir können sehr steil die Pfadspuren direkt zur Burg wählen oder – empfehlenswerter – mit dem Weg weit nach links ausholen und so die Höhe gewinnen. Wir bleiben dort auf dem markierten Weg, ohne zu rasch zum Castell hinüber zu wollen, und erreichen so die Straße, die zum **Castell** führt. Auf ihr gelangen wir in 1 Min. zum Parkplatz und der Burgmauer entlang zum Eingang. Dort finden wir zur Linken auch den schmalen Fußpfad, der uns wieder hinunter nach Miravet führt.

12 Sender del Mediterrani

Urtümliche Schönheit über Steilküsten und in Goldbuchten

L'Ametlla de Mar – Platja de l'Estany – Platja de l'Aliga – L'Ampolla

Urtümliche Schönheit über Steilküsten ...

Ausgangspunkt: L'Ametlla de Mar, 0 m / Endpunkt: L'Ampolla, 0 m / je Bahnstationen (Barcelona – Tortosa).
Gehzeiten: L'Ametlla de Mar – Platja de l'Estany 1 Std., Platja de l'Estany – Platja de l'Aliga 2 Std., Platja de l'Aliga – L'Ampolla 2½ Std., Gesamtzeit: 5½ Std.
Höhenunterschied: Unbedeutend.
Anforderungen: Leichte, aber lange Wanderung auf schmalen, geröllligen Pfaden.
Karte: ICC 9 Baix Ebre, 1:50.000.
Einkehr: Bars und Restaurants an den Eckpunkten, unterwegs Strandeinrichtungen während der Sommersaison.

Variante: Das Herzstück dieser Wanderung ist die Strecke von der Platja de l'Estany bis zur Platja de l'Aliga; wer weniger wandern möchte, beginnt bei der Platja de l'Estany (Parkmöglichkeit) und wandert nur ein Stück hin und zurück oder lässt sich bei der Platja de l'Aliga abholen (Zufahrt von Perilló aus).
Hinweis: Empfehlenswert im Winterhalbjahr (→ starke Sonneneinstrahlung!); bei starkem Wellengang müssen die ersten Buchten bis zum Naturhafen von Port de l'Estany auf Quartierstraßen umgangen werden.

… und in Goldbuchten.

»On els pins s'enamoren de la mar«, steht auf dem Wegweiser zum GR 92 in L'Ametlla de Mar, »wo die Pinien sich ins Meer verlieben«. Nicht nur die Pinien! Die Küste mit ihren rotgoldenen Felsen über dem klargrünen Wasser, mit ihren einsamen Buchten und den Schatten spendenden Pinien verzaubert viele. Unsere lange Wanderung durch das unter Schutz gestellte Gebiet Cap de Santes Creus lässt eine der letzten Naturküsten der Costa Daurada erleben, zeigt an den Enden auch die starke Bedrohung durch die wuchernde Bebauung.

Costa Daurada pur am Cap de Santes Creus.

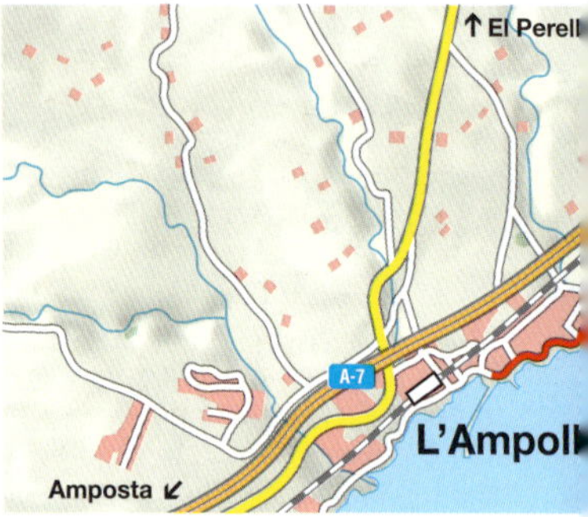

Die Wanderung beginnt am Hafen von **L'Ametlla de Mar** und folgt auf der ganzen Strecke dem GR 92. Über die Felsklippen *Roques Daurades* erreichen wir nach 45 Min. den Naturhafen *Port de l'Estany*. Dieser muss auf einer Feldstraße landeinwärts in einer Viertelstunde umgangen werden, um die kaum 50 Meter südlicher liegende **Platja de l'Estany** zu erreichen.
Wir wandern weiter südwärts stets entlang der Küste, mal näher am Wasser, mal etwas landeinwärts über die Steilküste. Der Weg ist recht gut weiß-rot markiert. Gelegentlich sind Buchten zu durchqueren, wo sich Rast- und Badeplätze anbieten. Anschließend kommen wir durch das weite Schutzgebiet des *Cap de Santes*

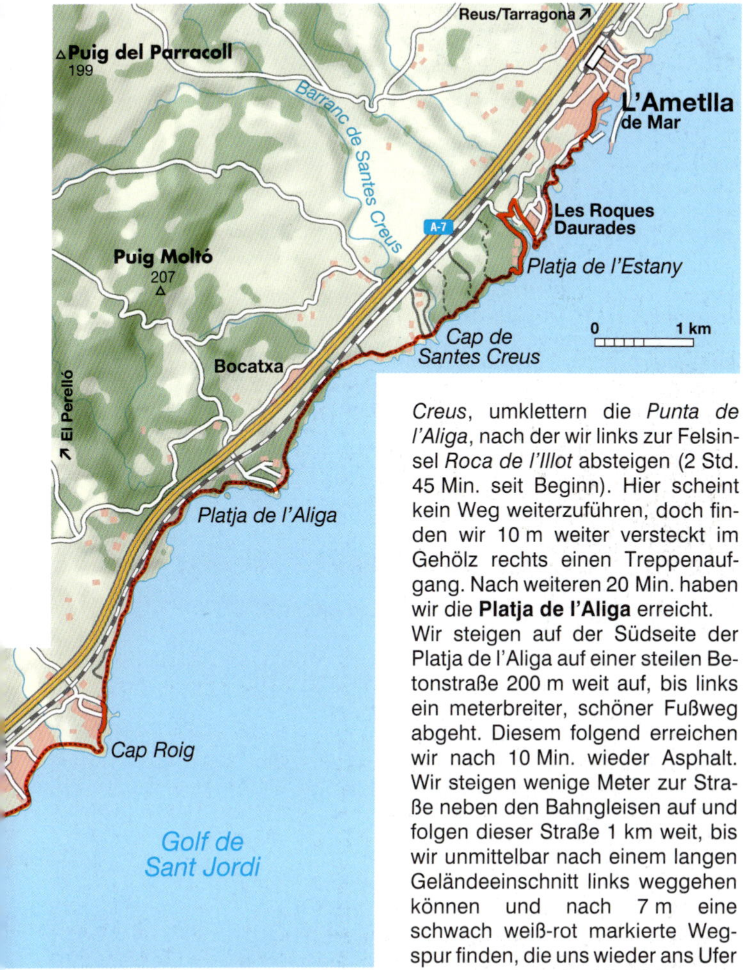

Creus, umklettern die *Punta de l'Aliga*, nach der wir links zur Felsinsel *Roca de l'Illot* absteigen (2 Std. 45 Min. seit Beginn). Hier scheint kein Weg weiterzuführen, doch finden wir 10 m weiter versteckt im Gehölz rechts einen Treppenaufgang. Nach weiteren 20 Min. haben wir die **Platja de l'Aliga** erreicht.

Wir steigen auf der Südseite der Platja de l'Aliga auf einer steilen Betonstraße 200 m weit auf, bis links ein meterbreiter, schöner Fußweg abgeht. Diesem folgend erreichen wir nach 10 Min. wieder Asphalt. Wir steigen wenige Meter zur Straße neben den Bahngleisen auf und folgen dieser Straße 1 km weit, bis wir unmittelbar nach einem langen Geländeeinschnitt links weggehen können und nach 7 m eine schwach weiß-rot markierte Wegspur finden, die uns wieder ans Ufer hinunter leitet. Ab hier folgen wir wieder stets der Küste, die jetzt aber ihren wilden Charakter verloren hat. Entlang gepflegter Strandanlagen und einem kurzen, noch unbebauten Stück erreichen wir den Hafen von **L'Ampolla**.

13 Serra de Tivissa

Rundwanderung durch einsames Bergland

Tivissa – Ermita Sant Blai – Coves de Vilella – Barranc dels Fogassos – Coll de Monegret – Coll de la Llena – Tivissa

Ausgangspunkt: Tivissa, 320 m.
Gehzeiten: Tivissa – Sant Blai ½ Std., Sant Blai – Coves de Vilella ¾ Std., Barranc dels Fogassos – Coll de Monegret 1¼ Std., Coll de Monegret – Coll de la Llena ½ Std, Abstieg nach Tivissa ¾ Std, Gesamtzeit: 3¾ Std.
Höhenunterschied: 150 m und 400 m.
Anforderungen: Unschwere, mitunter jedoch anstrengende Wanderung, fast gänzlich auf gebauten Wegen und Forstpisten.
Karte: ICC 30 Ribera d'Ebre, 1:50.000.
Einkehr: Bars und Restaurants in Tivissa (schönes, gepflegtes Dorf!).
Variante: Vom Wegweiser beim Brunnen Font de Sant Blai unterhalb der Ermita auf schönem weiß-gelb markiertem Fußweg direkt zum Coll de Monegret aufsteigen und von dort wie beschrieben weiter; verkürzt die Gehzeit auf insgesamt 2½ Std.
Hinweis: Die senkrechten Wände oberhalb von Tivissa sind Klettergebiet; kurz vor Sant Blai kommen wir an Kletterübungswänden vorbei.
Tipp: Dieser Weg ist weitgehend schattenlos; an windstillen Tagen im Sommer ist es in den *Barrancs* kaum auszuhalten.

Geborgen hinter diesen Karstzähnen liegt Sant Blai.

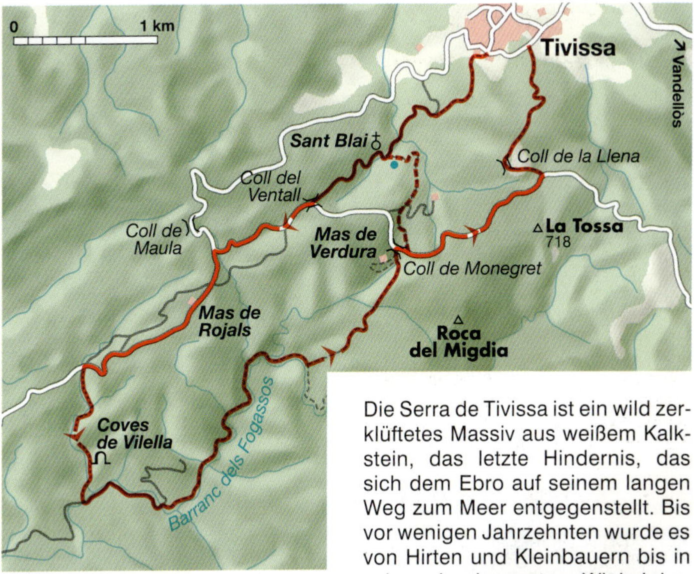

Die Serra de Tivissa ist ein wild zerklüftetes Massiv aus weißem Kalkstein, das letzte Hindernis, das sich dem Ebro auf seinem langen Weg zum Meer entgegenstellt. Bis vor wenigen Jahrzehnten wurde es von Hirten und Kleinbauern bis in seine abgelegensten Winkel bebaut und bewohnt. Unsere Wanderung gibt einen hervorragenden Einblick in den Charakter dieser rauen Landschaft: wir wechseln von weitblickenden Höhen in enge Trockenflusstäler, begegnen vielen Spuren ihrer Vergangenheit: den steinzeitlichen Höhlen von Vilella, die Unesco Weltkulturerbe sind, dem Kloster von Sant Blai, wo 1975 die erste weiß-rote GR-Markierung ganz Spaniens eingeweiht wurde, den vielfältigen Trockensteinmauern all die Hänge hinauf, und den altehrwürdigen steingepflasterten Saumwegen.

Die Wanderung beginnt dort, wo der Hügelsporn, auf dem **Tivissa** gebaut ist, in den Berghang übergeht (Schild GR-7). Wir erreichen den schönen Fußweg über eine kurze steile Betonpiste. Nach einer Viertelstunde folgen wir einem Fahrsträßchen nach links und erreichen darauf die gepflegten Brunnenanlagen Font de Sant Blai. Nach links weist der Wegweiser auf den PR zum *Coll de Monegret* (Variante), wir aber folgen weiter der Straße hinauf zur Kirche von **Sant Blai**.

Zur Linken der ausgedehnten Picknickanlagen führt uns die weiß-rote Markierung über eine Treppe auf eine Naturstraße, auf der wir weiter aufwärts steigen und in 10 Minuten den *Coll de Ventall* erreichen. Wir bleiben auf dem GR-7 und gehen geradeaus auf der andern Seite des Passübergangs

Die gotische Kirche von Sant Blai mit der ersten weiß-roten GR-Markierung Spaniens (2. März 1975).

leicht in die Tiefe. Dann führt uns die Naturpiste in weitem Bogen dem Hang eines breiten Tales nach; von rechts stößt die Piste vom *Coll de Maula* zu uns und wir wenden uns auf ihr nach links. Kurz darauf erreichen wir einen kleinen Passübergang, wo wir weit über das Ebrotal blicken können. Wir bleiben auf dem angenehmen Fahrweg und wandern eine Viertelstunde bergab. Genau im Talgrund finden wir einen Wegweiser. Hier verlassen wir den GR-7 und biegen links Richtung *Coves de Vilella* in eine überwachsene Fahrspur. Auf ihr gehen wir gut 300 m leicht abwärts zu einer Schlucht, wo wir an der tiefsten Stelle eine Pfadspur nach rechts finden. Etwas unangenehm auf dem raukarstigen Untergrund und dem überwachsenen Weglein können wir dem Bachlauf folgend in 10 Minuten den Platz bei den **Coves de Vilella** erreichen. Eine Hinweistafel erzählt von der Geschichte dieser drei Höhlen und zeigt die steinzeitlichen Felszeichnungen; die kleinen Höhlen sind mit Eisengittern vor den Zuschauern geschützt, die Zeichnungen selbst wegen der Verwitterung nicht sichtbar.

Von der Tafel aus wandern wir auf der hier beginnenden Piste 5 Min. talauswärts in den **Barranc dels Fogassos** hinein. Beim Wegweiser an der ersten Verzweigung wenden wir uns nach links und durchwandern den Barranc aufwärts. Während gut 40 Minuten bleiben wir nun stets auf der Naturstraße entlang teils gepflegter, teils aufgelassener Baumplantagen. Gelegentlich weisen uns Tafeln auf botanische Besonderheiten und abzweigende Fußwege hin. Schließlich endet das Tal. Beim Wegweiser wenden wir uns nach links Richtung *Coll de Monegret*. (Nach rechts geht ein Weg in die faszinierende Schluchtlandschaft des Barranc de Missamoroi, endet aber nach ¾ Stunden weglos.) Die Piste ist hier mit einer kräftigen Kette gesperrt; wir übersteigen sie und steigen in einer halben Stunde hinauf zum Coll de Monegret. Unmittelbar auf der Passhöhe wenden wir uns nach rechts. Nach 1 Min. kommt von links der PR von Sant Blai herauf (Variante). Wir bleiben auf dem Sträßchen auf der Grathöhe, das noch wenig ansteigt, um dann auf der Nordseite den Hang entlang zu führen. In einer knappen halben Stunde erreichen wir wiederum eine Grathöhe mit Weitblicken nach Nordosten zur Serra de Llaberia. Beim dortigen Wegweiser wenden wir uns nach links Richtung *Coll de la Llena*. Eine neu aufgebaggerte Fahrspur führt horizontal in 5 Minuten zu diesem Pass, wo der Fahrweg endet. Wir können noch geradeaus auf den vordersten Gratvorsprung gehen, um die Tiefsicht zu genießen, sonst aber finden wir gleich rechts am Ende des Sträßchens den Beginn des alten *Cami de la Llena*. Es handelt sich um einen der *Cami de Ferradura* (»Hufeisenweg«), einen der Saumwege, die mit Steinpflasterung, Wasserrinnen und möglichst konstantem Gefälle gebaut wurden, um den *arriers*, den Lastträgern, den möglichst effizienten und schnellen Transport zu ermöglichen. Auf diesem Weg steigen wir nun auf Serpentinen in die Tiefe. 200 Meter unter uns liegt **Tivissa**, dessen Geräusche wir schon deutlich hören können, während wir gleichzeitig noch in der Abgeschiedenheit der Felswände sind. Der Weg ist rau, lässt aber da und dort noch etwas von seiner ehemaligen Pracht erahnen. Nach einer halben Stunde haben wir das Dorf erreicht.

Coves de Vilella.

14 Los Dedalts – Cami del Coll de la Creu, 605 m

Saumpfade – ein verlassenes Dorf – eine Gratwanderung – Weitsicht

Vandellòs – Castelló – Graus de Castelló – Cami del Coll de la Creu – Graus de Vandellòs – Cami dels Fontanals – Vandellòs

Ausgangspunkt: Vandellòs, 280 m.
Gehzeiten: Vandellòs – Castelló 45 Min., Castelló – La Creu de Castelló 35 Min., Gratwanderung 40 Min., Abstieg 50 Min., gesamt: 3 Std.
Höhenunterschied: 325 m.
Anforderungen: Unschwierige Wanderung zumeist auf schmalen Saumpfaden und alten Pisten, aber teils grobem Untergrund; über den Grat nur verkarstete Wegspuren.
Karte: ICC 8 Baix Camp, oder ICC 9 Baix Ebre, oder ICC 30 Ribera d'Ebre, alle 1:50.000.
Einkehr: Keine, Bar und Restaurant in Vandellòs.

Diese traumhafte Rundwanderung führt zuerst über den alten Saumweg hinauf nach Castelló, einem ehemals stattlichen Dorf, das nach Jahrhunderten blühenden Lebens in der ersten Hälfte des 20. Jh. seinen Niedergang erlebte und schließlich verlassen wurde. Wie ein Geisterdorf steht es nun: alle Dächer eingestürzt und die schönen Torbögen und Fenster sind vom Himmel gefüllt. Über eine alte Piste steigen wir dann durch die abweisenden Kalkwände auf den Grat, hinter dem ein weites karges Tal liegt: Auch hier die Spuren der Vergangenheit: kunstvoll geschichtete Terrassenmäuerchen laufen über all die Hänge, von der kargen Vegetation bedeckt, von weit verstreuten Ziegenherden geweidet und von Greifvögeln bewacht. Über den windzerzausten wilden Grat gehen wir weiter, schauen weit hinaus über die Küste im Nordosten, später auch gegen Süden. Auf einem Adlerhorst hoch über Vandellòs halten wir dann Rast, bevor uns ein schöner Saumweg zurück ins Tal bringt.

In der »Geisterstadt« Castelló.

Am östlichen Dorfrand von **Vandellòs** liegt gleich neben der Nationalstraße ein kleiner Park mit einem alten Wegstein. Dort finden wir den PR-C 91, der uns mit seinen weißgelben Markierungen auf dem ersten Wegstück führt. Wir folgen ihm ostwärts, wo er gleich rechts steil auf einer schmalen Betonpiste in die Höhe führt, von der er nach noch nicht 10

Minuten mit einem schönen Fußweg wieder hinunter zur Nationalstraße geht und diese 600 m vor dem Dorf auch wieder erreicht. Die weiß-gelben Markierungen leiten uns über die ehemalige Straßenbrücke zum alten Saumweg, der rechts in die Höhe steigt: ein schöner Weg, etwas überwachsen, der immer wieder Spuren des ehemalig komfortablen Wegbaus sehen lässt. Unverkennbar gelangen wir auf ihm in einer halben Stunde zu einer Piste und einem Gratpass; auf dem Sträßchen halblinks aufwärts erreichen wir in einer weiteren Minute das verlassene, zauberhafte **Castelló**.

Oberhalb des Dorfes finden wir die Piste, auf der wir nach links weiterwandern, nun entlang der weiß-roten Markierungen des GR 192. Die kargen schroffen Wände der *Obagues de Castelló* vor uns laden wenig ein, sie zu erklimmen, doch ist die alte Piste, die durch sie hinaufführt, erstaunlich schön und kurz: In einer guten halben Stunde sind wir oben auf dem Gratübergang **Creu de Castelló**.

Nun gehen die weiß-roten Markierungen rechts weglos über den Grat. Wir können direkt über den Grat gehen und die faszinierenden Tief- und Weitblicke auskosten oder etwas mehr links des Grates unsere Spur suchen. Nach einer halben Stunde wird der Grat breiter und trägt eine Piste, auf der wir ihm so lange folgen, bis ihn eine breite Piste quert. Auf dieser gehen wir nun nach rechts Richtung Vandellòs. Wir bleiben für knapp 10 Min. auf dieser Piste, bis sie in Beton übergeht und wir einen hervorragenden Aussichtspunkt erreichen. Es lohnt sich, etwas nach rechts auf die Felsen hinauszutreten und Ausschau zu halten; gleich neben uns sehen wir auch die obersten Kehren des Saumweges, auf dem wir weitergehen werden.

Der Abstieg beginnt mit wenigen Metern auf der Betonpiste, um gleich rechts in den Saumweg einzuschlagen. Der zeigt kurz seine exzellente Anlage, führt dann verschüttet und mühsam wieder auf die Betonpiste zurück. Wir folgen dieser weiter steil durch die Flanke der **Graus de Vandellòs** abwärts. Etwas tiefer bieten uns die weiß-gelben Markierungen wieder den Fußweg zur Rechten an, doch bleiben wir diesmal auf der Betonpiste, bis diese 4 Min. tiefer eine Wende nach rechts nimmt. 10 m nach dieser Kehre stoßen wir wieder auf den Fußweg: nun nach links in den *Cami dels Fontanals.* Als schöner Saumpfad führt er uns nun auf unverkennbarer Spur in die Tiefe. Kurz vor dem Ausgangsdorf erreichen wir die breite Piste, die von Castelló herführt und gehen auf ihr nach links querend hinunter ins Dorf.

15 Llaberia, 680 m

Alte Wege zum verlassenen Bergdorf

Capçanes – Cami de la Sendal – Font de la Mata – Llaberia und zurück

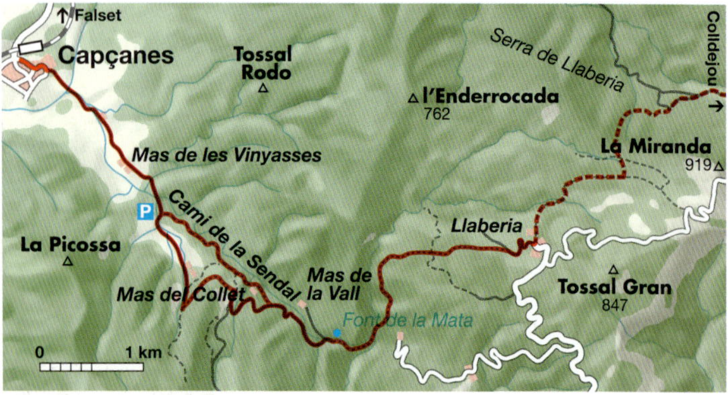

Ausgangspunkt: Capçanes, 200 m, Bahnhof (Catalunya Expres); mit dem Auto evtl. noch knapp 2 km weiterfahren bis zur Stelle, wo der alte Cami de la Sendal links abzweigt (P beim hässlichen, ungenutzten Landwirtschaftsgebäude).
Gehzeiten: Capçanes – Abzweigung Cami ½ Std., Cami de la Sendal – Font de la Mata ¾ Std., Font de la Mata – Llaberia 1¼ Std., Rückweg bis Capçanes 2½ Std.; Gesamtzeit: 5 Std.
Höhenunterschied: 480 m.
Anforderungen: Von Capçanes bis zur Font de la Mata schöne Pisten und Wege, dann steiler und überwachsener Bergweg bis nach Llaberia.

Karte: ICC 8 Baix Camp, 1:50.000, Editorial Piolet, Serra de Llaberia, 1:20.000.
Einkehr: Keine.
Unterkunft: Refugi de Llaberia (12 Plätze), Schlüssel muss zuvor beim Ajuntament de Tivissa organisiert werden (✆ 977 418014).
Variante: Auf dem GR-7 über Portell de Llaberia nach Colldejou (3 Std.)
Hinweis: Das kleine *Museu del Transport a Bast* thematisiert die Säumerei; Besichtigung nur mit Anmeldung (✆ 933182 390).
Tipp: Schönster Rastplatz in Llaberia ist die alte Brunnenanlage: durch den Durchgang *La Portella* neben dem Museum hinunter, nach rechts zur Font.

Llaberia ist ein sehr abgelegenes, vollständig verlassenes Bergdorf im Hochland, das gänzlich renoviert ist. Da auch eine schmale Straße zum Dorf führt, herrscht an Ferientagen und Wochenenden reges Treiben, dann senkt sich wieder die Ruhe der Abgeschiedenheit über die einsame Gegend. Wir besuchen das Dorf auf dem alten Weg von Capçanes her, erst durch ein wasserreiches Tal sanft ansteigend, dann steil auf dem Saumweg durch die Felswände zur Höhe kletternd und in das weite Becken von Llaberia hinein.

Wir verlassen **Capçanes** auf der Nordostseite auf dem weiß-gelb bezeichneten PR-C 91 Richtung *La Fou, Llaberia*, und folgen der schönen Piste 2 km weit bis zum Wegweiser, wo der *Cami de la Sendal* als Fußweg nach links abzweigt. An diesem hervorragenden Weg, der stets auf dem Grat neben einem tief eingeschnittenen Barranc läuft, orientieren wir uns nun. Durch das Felsenrund *Racó de la Sendal* unter dem verlassenen *Mas del Collet* gelangen wir dann zu einer Piste, wo der GR-7 verläuft. Wir gehen darauf weiter taleinwärts und im Talgrund rechts auf einen Bergweg zum Rastpunkt **Font de la Mata** (Quelle jenseits des Baches). Noch 5 Min. weit folgen wir nun weiter dem Weg durch den Talgrund. Bei einem alten Wegweiser gehen wir links auf dem GR weiter. Obwohl weiß-rot markiert, müssen wir uns mühsam durch das Bachbett die Spuren suchen. Doch bald wird die Wegbeschaffenheit besser: Ein guter Saumweg leitet uns hinauf durch die Felswände. Über diesen schlängelt sich das nun wieder stark zugewachsene Weglein höher und höher, bis endlich der *Collet de la Remullana* erreicht ist. Wir folgen weiter dem Pfad durch den Wald, überqueren eine alte Piste und gelangen zu einer flachen Wasserstelle. Auf einer Feldstraße gehen wir auf **Llaberia** zu und erreichen es auf einem stark zugewachsenen Fußweg, der gerade auf die untersten Häuser zuläuft.

Zuoberst im Barranc de la Vall.

Für den Rückweg wählen wir bis zur Font de la Mata wieder den gleichen Bergweg; wir sind kaum schneller als im Aufstieg, da man auf dem steilen Weg mit seinem losen Geröll nur mühsam vorankommt. Von der Font de la Mata an gehen wir wieder auf der Piste und bleiben 10 Min. später auch auf dieser, schwenken also nicht wieder in den Aufstiegsweg ein. Die Piste steigt kurz steil an auf die Höhe des Mas del Collet. Wir wandern nun stets auf der Naturpiste entlang den weiß-roten GR-Markierungen durch Weinberge und andere Plantagen. Bei einer Kreuzung wendet sich der GR dann wieder bergwärts Richtung *Tivissa*; wir aber steigen abwärts auf der Betonpiste zurück.

16 Mola de Colldejou, 921 m

Privilegierte Aussicht mit mittelalterlichem Wachturm

Colldejou – Coll del Guix – Mola de Colldejou – Coll Roig – Colldejou

Ausgangsort: Colldejou, 440 m.
Gehzeiten: Colldejou – Coll del Guix ¾ Std., Coll del Guix – Mola de Colldejou ¾ Std., Mola de Colldejou – Coll Roig ¾ Std., Coll Roig – Colldejou ¾ Std., gesamt: 3 Std.
Höhenunterschied: 481 m.
Anforderungen: Naturpiste und schmale, raue Bergwege; im Abstieg stellenweise sehr steil und rutschig, aber nicht ausgesetzt.
Karten: ICC 8 Baix Camp, oder ICC 29 Priorat, beide 1:50.000; Editorial Piolet Serra de Llaberia, 1:20.000.
Einkehr: Keine, Restaurant in Colldejou.
Variante: Auf dem Aufstiegsweg wieder absteigen.
Hinweis: Die Orientierung über das Gipfelplateau ist bei schlechter Sicht schwierig; bei Nebel sollte diese Tour nicht begangen werden.

Die Mola de Colldejou ist ein großer felsiger Bergrücken mit einer unverwechselbaren Silhouette, von dem sich eine schöne Aussicht über die Provinz Tarragona bietet. Die höchste Stelle trägt die Ruinenreste eines uralten Wachturms. Unsere Wanderung auf GR-Wegen überschreitet die Mola von Südwesten nach Nordosten. Mit dem Abstieg zum Coll Roig gewinnen wir auch faszinierende Einblicke in das gewaltige Windkraftwerk (*Parc eolic*) auf der benachbarten Serra de l'Argentera, können es auf dem naturnahen Weg ins Dorf hinunter aber auch wieder in unserem Rücken lassen.
Wir beginnen an der höchsten Stelle von **Colldejou**, wo der GR 7 in westlicher Richtung das Dorf verlässt. Die weiß-roten Markierungen leiten uns zum **Coll del Guix**. Dort überqueren wir halb rechts flach die Passhöhe, wo wir auf die ebenfalls weiß-rote Wegmarkierung des GR 7-3 treffen. Wir bleiben für den ganzen Aufstieg auf dem GR (lassen also die blauen Markierungen unbeachtet), der uns in einem weiten Bogen nach links auf schönem Weg in die Höhe auf den Rücken der **Mola** bringt. Nun verlieren sich die Markierungen und wir folgen einfach den Wegspuren leicht aufwärts, vorbei an einem Bassin, bis zum Turm mit seinem dreifachen Mauerwerk.

Die höchste Stelle auf der Mola de Colldejou mit der Wachturmruine.

Nach der Gipfelrast finden wir genau in der Mitte zwischen Turm und dem *Pessebre* (Krippendarstellung) im Osten eine weiß-rote Markierung und Wegspuren, die halb links Richtung Nordosten und Windkraftwerk führen. Auf diesen erreichen wir in etwa 2 Min. den Einstieg zum steilen Abstieg zwischen den Felsen. Wir steigen in vorsichtigem Zickzack ab, bis nach 5 Minuten ein deutlicher Weg nach rechts wegführt. Diesem folgend kommen wir zu einem bewaldeten Grat, wo wir nochmals nach rechts durch eine steile, rutschige Felsrunse in die Tiefe gehen. Kurz leitet uns ein enger Weg durch Gestrüpp, dann folgt ein schöner Weg durch angenehmen Wald. Eine Forststraße unter einer Stromleitung wird gerade überquert, worauf wir etwa 5 Minuten tiefer auf einen Wegweiser und einen Gedenkstein treffen. Wir sind kurz vor der Straße über den **Coll Roig**, und direkt vor uns erheben sich die Windmühlen des *Parc eolic*. Bei diesem Wegweiser gehen wir nicht mehr weiter abwärts, sondern schwenken scharf rechts auf ein kleines Weglein, das erst leicht aufwärts führt. Wir befinden uns nun wieder auf dem GR 7, der hier allerdings etwas schwach markiert ist. Nach gut 5 Minuten stößt er auf die Piste unter der Stromleitung und folgt dieser bis zu einem Wasserreservoir. Links von diesem gehen wir wenige Meter auf einer Piste abwärts und treffen gleich wieder den schönen Fußweg des GR. Er leitet uns horizontal durch die Flanke und mit einem überraschend kurzen Abstieg schließlich hinunter nach **Colldejou**.

17 Falset, Sant Gregori

Wechselnde Landschaften – magische Höhlen im roten Stein

Falset – Coll de l'Eudalda – Sant Gregori – Sant Cristòfol – Falset

Ausgangspunkt: Falset, Schulsportanlage (Pavelló esportiu), 360 m; Zufahrt von der für LKW ausgeschilderten Umfahrungsstraße, ÖV: Bus Tarragona – Alcanyis.
Gehzeiten: Falset – Coll de l'Eudalda ¾ Std., Coll de l'Eudalda – Sant Gregori ½ Std., Sant Gregori – Sant Cristòfol ½ Std., Sant Cristòfol – Falset ½ Std.; Gesamtzeit 2¼ Std.
Höhenunterschied: 200 m.
Anforderungen: Leichte Wanderung auf teilweise steilen Fußwegen.
Karten: ICC 29 Priorat, oder ICC 8 Baix Camp, beide 1: 50.000.
Einkehr: Keine, Bars und Restaurants in Falset.
Variante: Von Sant Gregori wieder auf den Abstiegsweg aufsteigen und dort nach rechts zum Ausgangspunkt zurückkehren (½ Std.).

Südöstlich von Falset liegt fast unbeachtet einer der magischsten Orte Kataloniens: die Einsiedelei Sant Gregori in einer Höhle aus rotem Buntsandstein. Unsere Wanderung auf schönen alten Wegen nähert sich dem Zauber sorgfältig auf Umwegen, die Ausblicke in die wechselnden Landschaften des Priorat erlauben.

Der Beginn der Wanderung ist an der Umfahrungsstraße durch eine Hinweistafel auf die Wanderwege rund um **Falset** markiert. Wir folgen den weiß-gelben Markierungen Richtung *Sant Gregori*. Ein schöner, tief eingegrabener Fahrweg führt uns in 10 Min. zu einem neuen steinernen Wegkreuz, wo wir rechts Richtung *Coll de l'Eudalda* abzweigen. Nach 1½ Min. gehen wir zur Rechten von der Fahrspur ab in einen schmaleren Weg und treffen etwas weiter oben auf den Beginn eines Fußweges (hier deutliche weiß-gelbe Markierungen). Auf diesem älteren *Cami de ferradura* steigen wir aufwärts, bis wir die Grathöhe und Wegweiser erreichen. Wir steigen linker Hand weiter Richtung *Coll de l'Eudalda* und hinauf zum höchsten Punkt: **Coll de l'Eudalda**, *Punta de les Soleies*. Neben der Tafel zieht sich quer über den Grat ein Schutzgraben aus dem Bürgerkrieg, der ein hübsches *Pessebre* enthält. Wir folgen weiter 10 Min. der Grathöhe nach Nordosten, bis der Weg sich nach links sanft zu senken beginnt. Nach einer Kehre führt

der Weg stetig bergab, bis wir nach weiteren 10 Min. zu einem Wegweiser gelangen. (Geradeaus würde der Weg in 10 Min. zum Steinkreuz führen, das wir vom Aufstieg kennen; vgl. Variante.) Wir steigen auf steilem schmalem Pfad rechts in die Tiefe zu den wunderbaren roten Felsen und hinüber zur **Ermita de Sant Gregori**.
Nach ausgiebiger Rast verlassen wir Sant Gregori an der höchsten Stelle und wandern entlang den weiß-gelben Markierungen Richtung Sant Cristòfol. Der schmale, teilweise etwas zugewachsene Weg führt erst steigend, dann hangeben zu einem Gratsattel, wo wir bei einem neuerstellten Wegweiser nach links vom PR-C-53 und seinen weiß-gelben Markierungen abzweigen Richtung *Sant Cristòfol*. 1 Min. weiter treffen wir auf einen älteren Wegweiser. Bevor wir hier abwärts Richtung *Falset* gehen, steigen wir das kurze Stück hinauf zur Ruine der Kapelle **Sant Cristòfol** und besichtigen auch die Höhle. Zurück beim Wegweiser beginnen wir den Abstieg durch den Wald. Die Wegmarkierungen sind nun weiß-grün und führen uns in gut 5 Min. zur längst hörbaren Nationalstraße. Wir überqueren die dreispurige Schnellstraße mit äußerster Vorsicht und wenden uns nach links, Richtung *Falset*. Gut 200 m müssen wir längs der Straße gehen, bis wir in der nächsten Kurve auf die alte Straße ausweichen können. Dort ist auch die Fortsetzung unseres Weges weiß-grün markiert; er führt uns an einem Wasserbecken vorbei hinunter auf *Falset* zu. Wir kommen wieder zur Nationalstraße, wo die Umfahrungsstraße abzweigt, die uns nach 5 Min. zum Ausgangspunkt bringt.

Sant Gregori.

18 Escornalbou, 650 m

Schöne Rundwanderung mit Klosterbesichtigung und spektakulärer Aussicht

Duesaigües – Escornalbou – Argentera – Duesaigües

Ausgangspunkt: Duesaigües, 268 m, ÖV: Bahnlinie Reus – Mora la Nova; Zufahrt über T-313, P am Dorfeingang.
Gehzeiten: Duesaigües – Escornalbou 1¼ Std., (Besichtigung), Ausflug zum Gipfel ¼ Std., Escornalbou – Argentera ½ Std., Argentera – Duesaigües ½ Std., Gesamtzeit 2½ Std.
Höhenunterschied: 390 m.
Anforderungen: Leichte Wanderung auf schönen Naturstraßen u. alten Fußwegen.
Karte: ICC 8 Baix Camp, 1:50.000.
Einkehr: Restaurant Pins Vents kurz vor Escornalbou, Restaurant in Duesaigües.
Hinweis: Lohnenswert ist die Besichtigung des Castell Monestir de Sant Miquel d'Escornalbou, geöffnet: 10–13.30/15–18.30 Uhr (Winter nur bis 17.30), geschlossen: sonn- u. feiertagnachmittags und montags.
Tipp: Dieser Weg ist angenehm schattig.

Die Klosterburg von Escornalbou thront auf einem Hügel hoch über dem Camp und blickt auf eine vielfältige Geschichte zurück: Römer, Araber, verschiedene Klosterorden hausten hier, bevor im letzten Jahrhundert ein weltenbummelnder Diplomat seine romantischen Ideen verwirklichte, ihr seine heutige Form und Ausstattung gab. Von der darüberliegenden Kapelle Santa Bàrbara genießt man einen fantastischen Rundumblick über das Camp, das Meer und die nahen Berge der Serralada prelitoral. Unsere Wanderung führt durch reichhaltige Vegetation auf diesen Hügel herauf und durch einen der schönsten erhaltenen jahrhundertealten steingepflasterten Weg wieder hinunter.

Wir beginnen unsere Wanderung auf der Südseite von **Duesaigües**, wo die Straße Richtung Argentera am Dorf vorbeiführt. Beim Friedhof weist uns ein Wegweiser mit Hinweisschild nach links abwärts auf den gelb-weiß markierten PR-Weg, den wir für den Aufstieg benutzen. Über den Bach und an einem großen gedeckten Waschbrunnen vorbei gehen wir am Schilf entlang, bis wir nach gut 5 Minuten eine Verzweigung erreichen. Hier beginnen wir den Aufstieg, indem wir links auf der Naturstraße aufsteigen. Wir folgen stets dieser Straße, die nur kurz im

Hoch auf einem Hügel thront die Klosterburg von Escornalbou.

Alter Steinplattenweg.

ersten Steilstück asphaltiert ist. Bei einer ersten Verzweigung gehen wir (geradeaus) rechts und lassen auch eine markierte Abkürzung, die wir nach einer Font treffen, links liegen, da sie zu steil ist. Angenehm schattig führt uns die Forststraße so in einer guten Dreiviertelstunde hinauf zur Fahrstraße, die wir beim Restaurant *Pins vents d'Escornalbou* erreichen. Wir folgen nach rechts der asphaltierten Straße, fasziniert vom Anblick der nahen Burganlagen und – 5 Min. weiter auf dem *Coll de les Alzines Sureres* – auch von den Fernblicken auf den *Parc eolic* (Windkraftwerk) auf der Serra de l'Argentera, die Mola de Colldejou und die Kette der Llaberia. Bei der Kreuzung auf dieser Passhöhe bleiben wir weiterhin auf der großen Fahrstraße, die uns in 5 Min. steil hinauf zum Parkplatz bringt. Von dort leitet uns eine altehrwürdige steingepflasterte Straße durch das Vortor hinauf zu den Plätzen des **Castell Monestir.**
Hier gibt es drei – allesamt reizvolle – Erlebnismöglichkeiten: Erstens die geführte Besichtigung der Klosterburg; zweitens den meditativen hangebenen Weg rund um den Gipfelhügel (Zugang entweder durch die Eingangspforte oder rechts neben den WC-Anlagen auf dem unteren Vorplatz); drittens und keineswegs auszulassen den Aufstieg zur Kapelle *Santa Bàrbara*: unmittelbar rechts neben den Gebäuden beginnt ein kleines Weglein, das sich bald als wunderschöner, alter, gebauter Weg mit Steinplatten und -treppen entpuppt, und uns in 6 Minuten bis zur Ermita führt, wo uns eine fantastische Rundumsicht erwartet. (Tipp: das horizontale Weglein, das nach etwa 1½ Minuten Aufstieg nach links um den Grat weggeht, führt stark überwachsen und leicht ausgesetzt nach 20 m zu zwei kleinen Höhlen, die wegen ihrer Felsarchitektur sehenswert sind.)
Nun verlassen wir die Klosteranlagen wieder durch das Vortor. Auf dem Parkplatz gehen wir gleich links Richtung Nordwesten, wo wir an der hangseitigen Ecke des Parkplatzes eine deutliche Wegspur finden, die abwärts

Einmalige Sicht von der Ermita.

führt. Nach wenigen Metern wird erkennbar, dass es sich um einen ehemals gebauten Weg mit Steinpflasterung handelt. Dieser hervorragende Weg führt uns schattig durch einen Vegetationstunnel in die Tiefe; nach 10 Min. lädt eine halbrunde Bank zur Rast und nach einer knappen halben Stunde – ganz zuletzt ist der Weg beschädigt und nur noch eine Runse – ist der Talgrund erreicht. Wir überqueren den Bach und gehen geradeaus weiter auf das Dorf **Argentera** zu, überqueren einen zweiten Bach und steigen kurz auf schönem altem Sträßchen zum untersten Haus auf. Hier wenden wir uns nach rechts und folgen der Betonpiste, die uns wieder zum Bach hinunterführt. Dort beginnt eine schöne Naturstraße, die uns stets talauswärts durch Plantagen und Waldstücke Richtung **Duesaigües** leitet. Nach einer halben Stunde angenehmen Wanderns treffen wir auf unseren Aufstiegsweg, auf dem wir nun noch 10 Min. bis zum Dorf zurückgehen.

19 Mont-roig – Mare de Déu de la Roca und Muntanya de l'Areny, 349 m

Auf den Spuren von Joan Miró zu den roten Felsen

Mont-roig del Camp – Mare de Déu de la Roca – Muntanya de l'Areny – Mont-roig del Camp

Ausgangspunkt: Mont-roig, Platz beim CAP (centre d'assistencia primaria), 110 m, Zufahrt von der T-332 Richtung Colldejou, Busverbindung ab Tarragona und Reus.
Gehzeiten: Mont-roig – Mare de Déu 1 Std., Mare de Déu – Muntanya de l'Areny ½ Std., Muntanya de l'Areny – Mont-roig 1½ Std.; Gesamtzeit: 3 Std.
Höhenunterschied: 240 m.
Anforderungen: Leichte Wanderung auf Pisten und Pilgerwegen, über die Muntanya auch auf Felsplatten.
Karte: ICC 8 Baix Camp, 1:50.000.
Einkehr: Kiosk und Restaurant bei Mare de Déu.
Variante: Sehr empfehlenswerte, landschaftlich großartige Variante für trittsichere, schwindelfreie Berggänger (nicht bei Nässe!): bei den Höhlen »Cova foradada« weitergehen und durch Stufen absteigen an den Fuß der Felswand, dort gleich links stets einem Pfad (»Sender de l'Areny«) folgend in 15 Min. auf einen Pass, jetzt weglos über den Grat oder links haltend durch eine Senke und wieder rechts über weite

Im Aufstieg zur Muntanya de l'Areny.

rote Felsplatten zu oberster, nördlichster Stelle der Platten, wo eine Wegspur weiter über den Grat auf einen Vorsprung mit fantastischer Aussicht führt; von hier noch 20 m weiter unter Felsüberhängen, dann Weg in die Tiefe: kurz steil, rutschig, mit wenig Drahtseilhilfe, dann schöner Weg auf einem Grat bis Piste, dort leicht rechts in Serpentinen abwärts, schließlich weglos einfach durch Plantagen abwärts bis zur Ebene, diese geradeaus durchqueren (zur Linken 3 alte lange Schweineställe) bis zu einer Piste, dort rechts, bei der nächsten Verzweigung die linke, mehr befahrene Piste wählen und auf dieser bis Mont-roig (insgesamt gut 1½ Std.).

Hinweise: Die sehenswerten Burgkirchenanlagen von Mare de Déu de la Roca sind von 9 – 18 Uhr geöffnet, aber immer dienstags geschlossen.

Das war eine der Lieblingswanderungen des berühmten Malers Joan Miró: vom Landhaus in den Feldern durch die Plantagen zum Dorf Mont-roig (»roter Berg«) und weiter hinauf zur »Ermita de la Virgen de la Roca«. Wir können ihn und die Farbigkeit seiner Malerei verstehen; in der Tat gehört der wunderschöne Pilgerweg hinauf zu den roten Felsen zu den eindringlichsten Orten Kataloniens. Der Besuch in den kleinen Höhlen in den Muntanyas de l'Areny bringt uns auch die bizarren Formen des Architekten Antoni Gaudí näher.

Neben dem CAP von **Mont-roig** führt uns eine Straße in einer Serpentine hinauf auf den Hügel und zu einem kleinen Antennenturm. Wir wandern geradeaus mit den weiß-roten Markierungen des GR über den Hügelrücken auf der Piste, die dann eine Wende nach rechts nimmt und uns zur Asphaltstraße bringt. Wir folgen 30 m der Straße und können sie dann rechts wieder verlassen. Durch Olivenplantagen gehen wir stets gegen den sichtbaren Kirchfelsen zu. Am Fuße desselben beginnt der Pilgerweg, der uns in einem Bogen nach links hinauf zur **Mare de Déu de la Roca** bringt. Von der großen Terrasse aus kann man die Weitblicke übers Camp zum Meer genießen, die Kirche besichtigen und auch über Stufen neben im weichen Sandstein eingekratzten Wassersammelgräben hinauf zum obersten Turm steigen.

Anschließend gehen wir hinunter in den Sattel zwischen Kirchfelsen und den Hügeln dahinter, wo sich der Parkplatz befindet. Dort beginnt ein kleiner Weg durch die Felsen hinauf. 2 Min. höher erreichen wir einen hervorragenden Aussichtspunkt. Hier teilt sich der Weg: wir gehen zuerst rechts ab-

Mare de Déu de la Roca.

Die Roca Foradada belohnt mit fantastischer Aussicht übers Camp.

wärts bis zur Höhle *Cova Foradada*, die fantastische Felsstrukturen zeigt. Wenn wir nicht die Variante gehen wollen, kehren wir von hier zum Aussichtspunkt zurück und folgen nun dem Weg *Sender de l'Areny* aufwärts. Er steigt steil auf zum durchlöcherten Fels *Roca Foradada* und weiter auf die Höhe, wo er weite Rückblicke übers ferne Meer eröffnet. Der Weg ist gelegentlich gelb markiert und führt uns links des Grates über den Berg **Muntanya de l'Areny** in ein Tal von seltsamer Schönheit und Abgeschiedenheit. Eine halbe Stunde nach dem Parkplatz haben wir die Talsenke erreicht. Unser Weiterweg ist die Piste, die von hier nach links abwärts führt; aber vielleicht wollen wir zuerst noch nach rechts auf Wegspuren das Tal erkunden und uns Rastplätze auf den roten Felsen suchen? Wenn wir anschließend auf der Piste abwärts gehen, lassen wir nach 20 m einen deutlichen Weg nach links unbeachtet und bleiben auf dem Sträßchen. Es führt uns in einer Viertelstunde zur asphaltierten Zufahrtsstraße der Mare de Déu. Hier gehen wir 100 m links, bis nach einem Steintisch ein deutlicher Weg nach rechts von der Straße weggeht (Pfeile am Boden und »BTT«). Ein schöner Weg leitet uns durch Wald und an Kakteen vorbei um den Kirchhügel bis zu unserem Aufstiegsweg. Von hier gehen wir auf dem gleichen Weg nach **Mont-roig** zurück.

20 Pont de Cavaloca, 270 m

Auf besterhaltenen Wegen zum Wunder der Brücke von Cavaloca

La Vilella Baixa – Grau dels Bous – Los Montalts – Pont de Cavaloca – Coll Empedrat – La Vilella Baixa

Ausgangspunkt: La Vilella Baixa, 200 m.
Gehzeiten: La Vilella Baixa – Grau dels Bous 50 Min., canyonaufwärts bis Los Montalts 30 Min., Abstieg bis Pont de Cavaloca 50 Min., Rückweg 45 Min., gesamt: 3 Std.
Höhenunterschied: 350 m.
Anforderungen: Alte Fußwege auf rauem Untergrund.
Karte: ICC 29 Priorat, oder ICC 8 Baix Camp, beide 1:50.000.
Einkehr: Keine.
Hinweis: Die Wanderung ist (noch nicht) markiert, Tourenbeschreibung genau beachten.
Tipp: Die Ermita Sant Pau de la Figuera ist der wohl schönste Aussichtspunkt in dieser Gegend.

Vor hundert Jahren lebten im Priorat noch dreimal soviele Menschen wie heutzutage, und zwar fast ausschließlich von der Landwirtschaft, speziell vom Weinbau. Jedes nur denkbare Fleckchen Erde war mithilfe kunstvoll geschichteter Mäuerchen terrassiert. Dazwischen liefen über alle Hügel und durch alle Schluchten hervorragend gebaute Wege für den effizienten Transport der Ernte durch Maulesel. Unsere Wanderung verläuft in einer Gegend, die so entvölkert wurde, dass sich die ehemaligen Wege in seltener Geschlossenheit erhalten konnten. Wir steigen auf ihnen durch die Kalkwände empor, machen in der Höhe eine ausgedehnte Canyonwanderung und steigen schließlich hinunter an die engste Stelle des Barranc de Cavaloca, wo eine wunderschöne Brücke seit Jahrtausenden den Übergang ermöglicht.

Wir beginnen am oberen Dorfrand von **La Vilella Baixa** an der Straße T-702, der wir 5 Min. abwärts folgen, bis noch vor einem Tälchen ein Wegweiser *Grau dels Bous* nach rechts weist. Nun gehen wir für 50 m auf einem Feldweg, bis dieser nach rechts steiler ansteigt, dort (2 kleine Steinmänner) geradeaus horizontal durch eine Olivenplantage. Nach 20 m – noch vor dem Talgrund – beginnt halb rechts leicht steigend der alte Weg. Wir folgen ihm, obwohl er hier als tiefe Bachrunse ausgeschwemmt ist, 150 m weit, bis er vor einer Trockensteinmauer nach links durch den Talgrund führt und sich auf der linken Seite des Tälchens aufwärts zieht. Bald wird er breit: eine wahre Steinplattenstraße hinauf auf einen Passübergang. Dort wählen wir

La Vilella Baixa.

den Feldweg halb rechts/geradeaus und wandern auf ihm 2 Min. Nach insgesamt 20 Minuten haben wir die Stelle erreicht, wo sich Hin- und Rückweg trennen. Beim Wegweiser gehen wir rechts Richtung *Grau dels Bous*. Die ersten 5 m sind etwas überwachsen, dann sind wir auf einem schönen Weg, der als absolut hervorragender Saumpfad durch die Felsen in vielen Serpentinen hinauf auf **Grau dels Bous** führt.
Von der dortigen Passhöhe zieht sich der Weg nach rechts die Hänge des Barranc entlang, bis er nach 20 Min. die Seite wechselt und nun steiler auf den Rücken von **Los Montalts** aufsteigt. Dort treffen wir eine alte Piste, wenden uns nach links und sind 1 Min. später bei der *Barraca dels Creuetes*. Der unverkennbare Fußweg führt uns nun über den Rücken stets abwärts zurück, schließlich nur einen Steinwurf vom Passübergang bei Grau dels Bous entfernt, aber durch den Canyon getrennt. Nach einer halben Stunde Abstieg ist das Ende des Rückens erreicht und der Weg senkt sich rechtsseitig durch die Flanke abwärts gegen den tiefen **Barranc de Cavaloca**. Bei einem Wegweiser wenden wir uns nach rechts und erreichen in gut 5 Minuten den Schluchtgrund mit der unvergleichlichen Brücke.
Wir steigen wieder bis zum Wegweiser auf und gehen nun (gerade) rechts den Weg zurück. Beim **Coll Empedrat** verlassen wir die Schluchtenlandschaft. Wir wandern auf schönem Weg nun stets geradeaus, am Rand oder durch Plantagen, bis wir auf das erste Stück unseres Hinwegs treffen. Auf der Straße angelangt, gehen wir diesmal noch rechts auf einer Betonpiste in die Tiefe zur dreiteiligen Brücke von La Vilella Baixa.

21 Montsant – Serra Major, 1124 m

Auf Kletterpfaden durch die Südwände des Montsant

La Morera de Montsant – Grau del Carabassal – Serra Major – Grau de l'Agnet – La Morera de Montsant

Ausgangspunkt: La Morera de Montsant, 730 m, Zufahrt über TV-7021 von Cornudella de Montsant.
Gehzeiten: Aufstieg durch Grau del Carabassal bis Serra Major 1½ Std., Höhenwanderung bis Grau de l'Agnet 1 Std., Abstieg ¾ Std.; Gesamtzeit: 3¼ Std.
Höhenunterschied: 400 m.
Anforderungen: Nur für trittsichere, schwindelfreie Berggänger: Im Aufstieg sind einige leichte Kletterstellen zu bewältigen, teils mithilfe von Leitern, Eisenstiften und Drahtseilen.
Karte: ICC 29 Priorat, 1:50.000.
Einkehr: Keine, Restaurants und Hotel in La Morera.
Variante: Kombination mit Tour 23: von Grau del Carabassal zur Cova Santa, von dort entweder Überschreitung der Roca Corbatera und Abstieg nach Albarca (2 Std. ab Grau) oder Abstieg nach Sant Joan del Codolarr und Cornudella oder Albarca (2¼ Std. ab Grau).
Hinweise: Die Orientierung auf der Serra Major ist schwierig; nie bei Nebel auf den Montsant!
Tipp: Die Weine aus dem Priorat zählen zu den besten der Welt; man findet sie u.a. im vielleicht berühmtesten Ort am Montsant – Escaladei –, dessen Besuch sich lohnt.

Die Hauptkette des Montsant zieht sich von Südwesten nach Nordosten mehr als 15 km weit. Über die ganze Länge fällt sie nach Süden in einer gewaltigen Felswand aus Konglomeratgestein ab, die nur an wenigen Stellen – »Graus« genannt – auf luftigen und spektakulären Wegen überwunden werden kann. Unsere Kletterwanderung führt uns auf schmalen Pfaden durch Kaminschluchten hinauf auf die Hauptkette, auf der wir stets auf gleicher Höhe weitergehen durch eine karge Mondlandschaft mit weiten Ausblicken über das gewaltige Schluchtenwerk im Norden des Montsant. So erreichen wir eine ausgezeichnete Aussichtsstelle direkt über den Felswänden. Von hier steigen wir dann teils steil, teils über atemberaubende horizontale Felsbänder in die Tiefe.

Felsband beim Grau de l'Agnet.

Kletterstellen im Aufstieg.

Wir beginnen an der Straßenverzweigung 300 m nordöstlich des Dorfes **La Morera**, wo die Straße Richtung *Escaladei* abgeht. Über der Böschung sehen wir einen Wegweiser, der den Beginn unseres weiß-gelb markierten Pfades anzeigt. Wir wandern darauf praktisch horizontal Richtung Nordosten, über uns die Felswände, unter uns die Straße, die sich allmählich weiter entfernt. Nach 25 Min. verläuft der Weg zwischen zwei gewaltigen Felsbrocken und weiter hangeben, bis wir nach bald 40 Min. auf einen von den Felswänden herabziehenden Grat gelangen. Hier wendet sich der Weg nach links und beginnt nun stark zu steigen. Gelegentlich gehen Wegspuren ab, die zu Klettereinstiegen führen; wir lassen alle unbeachtet und folgen stets den weiß-gelben Farbmarkierungen. So erreichen wir den Fuß der Felswände und bald eine große Höhle, die sich als Schlechtwetterunterschlupf eignen würde. Jetzt beginnt der Aufstieg durch das **Grau del Carabassal**. Wir steigen entlang der Markierung nach rechts auf, finden bald Seile und Bänder, die unseren Weg sichern. Nach 5 Min. kommen wir zur ersten Eisenleiter und überwinden darauf eine kurze Steilstufe. Weiter aufsteigend und nach rechts querend, finden wir die nächsten beiden Leitern. Mit ihrer Hilfe klettern wir, unterstützt von Eisenstiften, durch die Kaminschlucht, die aufwärts besser zu bewältigen ist als abwärts. Und schon ist der Ausstieg aus der Kletterstelle geschafft; wir steigen über Geröll noch etwas nach rechts auf und erreichen einen hervorragenden Aussichtspunkt

und darüber einen Wegweiser (1¼ Std. seit Beginn). (Von hier könnten wir nach rechts in ½ Std. zur Cova Santa queren; vgl. Variante.) Wir steigen weiter den weiß-gelben Wegzeichen nach in der Falllinie und haben nach einer Viertelstunde die **Serra Major** erreicht.
Beim Wegweiser an der höchsten Stelle gehen wir nach links Richtung *Agnet*; wir folgen nun den weiß-roten Markierungen des GR. Bei einem alten metallenen Wegweiser nach knapp 10 Min. bleiben wir auf dem GR und gehen halb rechts Richtung *Cabassers*. Nach weiteren gut 10 Min. gelangen wir zu einem eisernen Wegweiser, der viele Richtungen anzeigt. Wir gehen noch geradeaus auf dem Weg bleibend 100 m weiter zu einem neueren Holzwegweiser, wo wir uns scharf nach links Richtung *La Morera* wenden. Wir sind nun auf dem GR 171 und folgen dessen weiß-roten Markierungen, wieder an einem alten metallenen und einem neuen hölzernen Wegweiser vorbei. So gelangen wir auf den vordersten Grat über den Felswänden, wo uns eine spektakuläre Tiefsicht erwartet: zu unseren Füßen unser Ausgangsort La Morera, um uns die Terrassentäler des Priorats, im Norden die Berge von Prades mit dem Stausee von Siurana. Wir folgen ein Stück dem Grat und steigen dann zur Rechten ab in die Gratlücke von **Grau de l'Agnet**. Von dort führt der Weg anfänglich steil zwischen den Wänden in die Tiefe, dann auf einem schmalen Felsband nach rechts mitten durch die Wand und schließlich zwischen Blöcken hinunter zum Dorf.

Atemberaubende Aussicht.

22 Ermita de Sant Bartomeu

Durch den Canyon des Riu de Montsant zur ältesten Einsiedelei

Ulldemolins (Sant Antoni) – Font de la Gleva – Cadolles Fondes – Ermita de Sant Bartomeu – und zurück

Ausgangspunkt: Ulldemolins, 640 m, an der C-242; ÖV möglich von Prades aus; eine asphaltierte Piste führt aus dem Dorf (Hinweisschilder Ermites) südlich 4 km bis zur Ermita de Sant Antoni, 690 m; zu Fuß auf bezeichnetem Weg (GR 65-5) in 45 Min. ebendorthin.
Gehzeiten: St. Antoni – St. Bartomeu 1½ Std., Rückweg 1½ Std., Gesamtzeit 3 Std.
Höhenunterschied: Hinweg: 200 m Abstieg und 60 m Aufstieg, Rückweg umgekehrt.
Anforderungen: Leichte Wanderung auf schmalen Waldpfaden durch eine großartige Schluchtenlandschaft.
Karte: ICC 29 Priorat, 1:50.000.
Einkehr: Keine, Wasserstellen bei Sant Antoni und Font de la Gleva.
Variante: Empfehlenswert, wenn 2 Autos zur Verfügung stehen: Vor der Wanderung ein Auto bei km 26,2 der C-242 von Ulldemolins nach Bellaguarda auf der Serra de la Llena abstellen. Wanderung nicht wie beschrieben gleichenwegs zurückgehen, sondern von der Ermita de Sant Bartomeu weiter auf GR 65-5 landschaftlich eindrücklicher Aufstieg aus der Schlucht auf die Serra, 40 Min. entlang der weiß-roten Markierungen, bis ein kleines Plateau erreicht ist (großer Erinnerungsstein an die Wiederaufforstung), dort GR verlassen und rechts der Feldstraße folgen in 15 Min. zur C-242.
Hinweise: Nach *Cadolles fondes* Bademöglichkeit im Riu de Montsant, der dort ganzjährig Wasser führt.
Die großen Hinweisschilder am Beginn unserer Wanderung – »Cami tallat«, Weg unterbrochen – beziehen sich nicht auf unseren Weg, sondern auf den Weiterweg nach *Margalef*, der durch die Errichtung eines Stausees schon vor Jahren unter Wasser gesetzt wurde.

Der Montsant bildet auf seiner Nordseite ein gewaltiges Schluchtensystem von beeindruckender Schönheit. Der Hauptfluss Riu de Montsant sammelt die vielen Barrancs zwischen der Serra Major des Montsant und der Serra de la Llena im Norden. Er hat sich tief in die verschiedenfarbigen Gesteinsschichten eingefressen, diese damit freigelegt und bis zu 500 m hohe terrassierte Schluchtwände entstehen lassen. Unsere Wanderung führt in den obersten Teil dieser Schlucht, hinunter zwischen die Wände, wo der Fluss (auch im Sommer) über fein geschliffene Felsplatten läuft. Wir überqueren ihn auf schwankender Hängebrücke und steigen in ein Seitental auf zur ältesten Einsiedelei am Montsant, der *Ermita de Sant Bartomeu*, einem Ort von beeindruckender Stille und Abgeschiedenheit.

Ermita de Sant Antoni.

Vor der Wanderung stärken wir uns an der immer fließenden Quelle der **Ermita de Sant Antoni**, deren Wasser heilende Kräfte nachgesagt werden. Oberhalb der Einsiedelei folgen wir der Fahrpiste nach Westen und treffen nach 3 Min. auf die Wegkreuzung Pla de la Bassa mit gleich drei Wegweisern. Wir gehen geradeaus weiter Richtung *Cadolles Fondes*, *St. Bartomeu* und lassen uns durch die im blechernen Wegweiser ausgestanzten »45 Min.« nicht zur Hetze verleiten. Wir folgen stets geradeaus der Fahrpiste, deren Windungen wir gelegentlich rechtsseitig abkürzen können, stets sanft abwärts. Wir wandern auf dem *Sender del Congost de Fraguerau*, bis wir nach einer guten halben Stunde das Ende der Fahrpiste bei der **Font de la Gleva** erreichen. Diese Quelle liefert auch im Sommer reichlich Wasser; ihr Überlauf fließt als Bächlein in den nahen Fluss. Am Ende der hier betonierten Fahrspur weist uns ein doppelter Wegweiser nach links. Vorerst gehen wir aber noch wenige Meter rechts zu einem Aussichtspunkt mit Geländer über der Schlucht: wunderschön präsentiert sich tief unter uns das klare Wasser in den Felsbecken (den **Cadolles Fondes**), während auf der gegenüberliegenden Seite die Wände vielfarbig aufsteigen.
Zurück beim Wegweiser überqueren wir das Bächlein auf Holzbalken. Wer mag, steigt danach rechts auf Wegspuren in 3 Min. hinunter zum Fluss, um

Sender del Congost de Fraguerau.

zu rasten und zu baden. Sonst bleibt der Weg auf der Höhe und führt uns stets durch die linksseitige bewaldete Flanke des Riu de Montsant. Nach 5 Min. erreichen wir die *Roca Balladora*, die uns höhlenartig überdacht. 2 Min. weiter treffen wir wieder einen Wegweiser und folgen geradeaus dem Hinweis *Ermita de Sant Bartomeu*. Nach einer weiteren Minute gehen links stark überwachsene Wegspuren durchs Gebüsch; sie führen zu einer gro-

ßen Höhle, für die sich der kleine Abstecher lohnt (2 Min. hin und zurück). Auch beim nächsten Wegweiser bleiben wir auf der Höhe geradeaus Richtung *Sant Bartomeu, Margalef*. Nun steigt der Weg durch Konglomeratfelsen leicht an, um nach rund 10 Min. wieder nach rechts entlang den blauen Markierungen auf offenes Gelände abzusteigen. Wir folgen weitere 10 Min. dem Weg geradeaus durch bald dichten Wald bis zum Wegweiser *Riu Montsant*, der rechts zur *Ermita de Sant Bartomeu* weist. Wir gehen noch 10 m geradeaus weiter und treffen so einen zweiten, metallenen Wegweiser, der uns rechts den Zugang zur Hängebrücke weist. Über die schwankende Brücke gelangen wir ans jenseitige Ufer und folgen den violetten Markierungen des Wegleins. Es führt uns in gut 10 Min. durch Wald hinauf zur **Ermita de Sant Bartomeu**, von 1160 bis 1851 bewohnt, bestehend aus den Ruinen eines großen felsüberdachten Hauses, in dessen einer Ecke das von den Felswänden herabrinnende Wasser gesammelt wurde, und einer kleinen Kirche daneben, leider verschlossen. Sie wurde in den 70er Jahren des letzten Jahrhunderts restauriert und mit einer kleinen Glocke versehen, die aus Resten einer Bombe des Bürgerkriegs gefertigt ist. Ein wunderschöner Ort, an dem wir gerne zu ausgiebiger Rast verweilen, die Ruhe in uns aufnehmen und die Zeit vergessen.
Wir gehen auf dem gleichen Weg zurück oder wählen die eingangs beschriebene Variante.

Ermita de Sant Bartomeu.

23 Roca Corbatera, 1163 m

Großartige Bergtour auf den höchsten Gipfel des Montsant

Albarca – Roca Corbatera – Cova del Moloner – Sant Joan del Codolar – Albarca

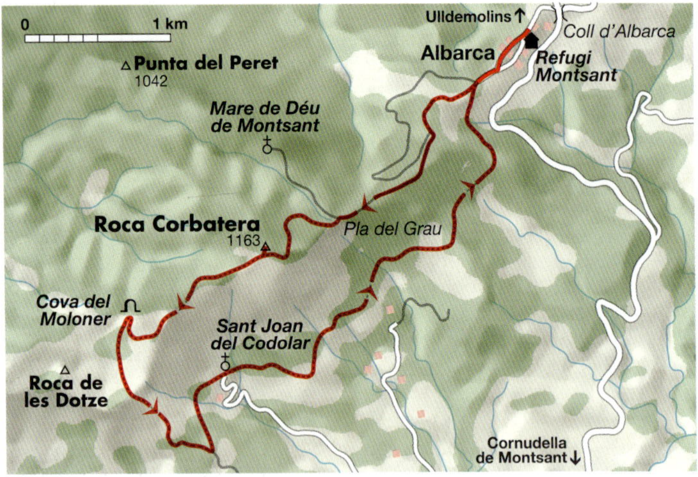

Ausgangspunkt: Albarca, 800 m.
Gehzeiten: Aufstieg bis Roca Corbatera 1 Std., Höhenwanderung bis Cova del Moloner ½ Std., Abstieg bis Sant Joan del Codolar ¾ Std., Rückweg 1 Std., Gesamtzeit: 3¼ Std.
Höhenunterschied: 360 m.
Anforderungen: Schmale Bergwege.
Karte: ICC 29 Priorat, 1:50.000.
Einkehr und Unterkunft: Refugi Montsant, bewartet, Tel. 616 148 936 / 609 942 289; Wasserstelle bei Sant Joan del Codolar.
Variante: Von Cova del Moloner auf der Serra Major auf GR weiter und über Grau de l'Agnet nach La Morera de Montsant absteigen (Tour 21).
Hinweis: Nicht bei Nebel auf den Montsant! Das Gipfelbuch befindet sich in einer Schublade unter dem großen *Pessebre*.

Albarca ist ein verlassenes Dorf, das malerisch auf einem Felsvorsprung über dem gleichnamigen Pass liegt. Von dort erreichen wir in einem kurzen Anstieg die Roca Corbatera, die höchste Erhebung des Montsant. Die Gipfelaussicht ist überwältigend, der Weiterweg über den Rücken der Serra Major angenehm, der Abstieg durch die Südwand eindrücklich und der Rückweg auf einem Felsband der Südostwand schön, aber bei Mittagssonne glühend heiß.

Das weite Felsenrund bei Sant Joan del Codolar.

Gipfel Roca Corbatera.

Vom *Refugi Montsant* gehen wir auf dem GR 171 südwestwärts zur Wegkreuzung vor dem ersten Grataufschwung. Wir orientieren uns geradeaus weiter an den weiß-roten und blau-gelben Markierungen, rechts des Grates, steil aufwärts, teils über Felsstufen, wo uns kleine Steinmännchen den Weg weisen. Nach einer Viertelstunde Aufstieg gelangen wir zu einer Forststraße, der wir links aufwärts folgen, bis wir nach einer weiteren Viertelstunde das kleine Hochplateau *Pla del Grau* erreichen. Hier verlassen wir die Forststraße und den GR 171.
Wir schlagen beim Wegweiser die Richtung *Serra Major, Corbatera* ein und gehen auf deutlichem Pfad zuerst durch die Flanke, dann wieder links über den Grat aufwärts, gelegentlich blau-gelb bezeichnet. Nach gut 20 Min. haben wir die Höhe fast geschafft. Ein Vorgipfel wird links umgangen, bis wir vor uns die Vermessungssäule sehen, die den Gipfel markiert. Die Rundumsicht ist überwältigend, an klaren Tagen bis hinauf zu den Pyrenäen.
Gegen Südwesten zieht sich die Serra Major, über die wir unsere Wanderung fortsetzen. Wir bleiben auf dem Gratrücken und erreichen nach 15 Min. einen Wegweiser *Serra Major*. Wir gehen geradeaus weiter Richtung *Cova Santa, Cabassers*. Der Weg quert links eines Grätchens durch die Flanke, geht dann weiter über den Grat abwärts, um schließlich scharf

nach rechts abzudrehen. Er führt so in ein Felsrund, in dem die **Cova del Moloner** liegt, eine sehenswerte verfallene Höhlensiedlung. Von der *Cova* wandern wir durch den Talgrund südwärts, bis wir nach ca. 400 m zu unserer Rechten eine einzelne Pinie sehen und etwas höher eine einzelne Eisenstange. Wir gehen nicht bis zu dieser Pinie, sondern bleiben im Talgrund, wo eine Wegspur weiter gegen Süden führt (kleines Steinmännchen). Wir gelangen so nach weiteren 500 m an den oberen Rand der südlichen Steilwände. Hier wird der Weg deutlich und weiß-rot markiert. Wir steigen zwischen großen Felsblöcken in die Südwand hinaus. Unter den obersten Steilwänden quert der Weg auf eine Gratrippe, um auf dieser steil in die Tiefe zu führen.
Nach ½ Std. Abstieg, nach einer ersten Waldpartie, treffen wir auf einen Querweg (Wegweiser). Wir wenden uns 90 Grad nach links und gehen horizontal weiter; erste Markierung blau-gelb, dann wieder weiß-rot. In ¼ Std. gelangen wir zur prächtigen, gepflegten Einsiedelei **Sant Joan del Codolar**. Hier finden wir ganz nach Wunsch schattige oder sonnige Rastplätze und in der Grotte eine Wasserstelle.
Auf der Ostseite führt uns ein schmaler Weg fast horizontal auf einem Felsband in 1 Std. zurück nach **Albarca**.

Die Höhlensiedlung Cova del Moloner.

24 Siurana, 740 m

Wilde Wege am hohen Felsensporn

Cornudella de Montsant – Pantà de Siurana – Mas del Franquet – Siurana – Coll de les Lloses – Cornudella de Monsant

Ausgangspunkt: Cornudella de Montsant, 530 m; ÖV möglich von Prades.
Gehzeiten: Cornudella – Staumauer ½ Std., Staumauer – Mas del Franquet 1¼ Std., Mas del Franquet – Siurana ¾ Std., Siurana – Coll de les Lloses ¾ Std., Coll de les Lloses – Cornudella ½ Std., gesamt: 3¾ Std.
Höhenunterschied: 300 m.
Anforderungen: Nur für trittsichere, schwindelfreie, orientierungssichere Berggänger; der Weg durch das Grau del Franquet ist nicht markiert, stark überwachsen, steil und bietet zuoberst eine kurze, luftige, unschwierige Kletterei.
Karte: ICC 29 Priorat, 1:50.000, oder Editorial Piolet Muntanyes de Prades, 1:25.000.
Einkehr und Unterkunft: Bars und Restaurants in Cornudella und saisonal in Siurana; dort auch *Refugi Ciríac Bonet* (CEC), ganzjährig, 35 Plätze, Tel. 977 82 13 37.
Varianten: Tour in Siurana oder bei der Staumauer beginnen.
Hinweis: Bei der Besichtigung des sehenswerten Siurana bis ganz auf den Felssporn hinausgehen: umfassende Tiefsicht!

Tipps: Bekannter Weinkeller der Cooperativa in Cornudella de Montsant an der Hauptstraße. Am Stausee von Siurana wenige wilde Bademöglichkeiten (z.B. bei der engsten Straßenkurve auf den Sporn hinausgehen) und eine Kanuschule.

Siurana ist ein uraltes Dorf auf einem fast unzugänglichen Felssporn, umgeben von canyonartigen Schluchten, die teilweise vom Wasser eines Stausees bedeckt sind. Die unvergleichliche Lage von Siurana erlaubt weite Blicke übers Priorat und zum Montsant. Heutzutage führt eine schmale Straße von Cornudella herauf, doch romantische Fußwege gibt es nicht. Unsere Wanderung wird dem rauen und packenden Charakter dieser Landschaft gerecht. Sie führt dem Stausee nach in die urtümliche Schlucht des Riu Siurana, auf weglosen Spuren hinauf durch die Steilwände auf ein faszinierendes Felsband und diesem folgend auf den Felssporn von Siurana. Zurück geht's dann auf dem *Cami vell*, dem alten Weg: auf steilem Saumpfad in die Tiefe und über die typischen trockenschiefrigen Böden des Priorat über einen Pass zurück zum Stausee und nach Cornudella.

Einmalig gelegen: Das Dorf Siurana.

Wir beginnen unsere Wanderung am Nordostrand des Dorfes, dort wo das Sträßchen zum Stausee von der Hauptstraße abzweigt und auch ein Wanderwegweiser die Richtung zeigt. Nur 100 m weiter sehen wir zur Linken den weiß-gelb markierten Feldweg, auf dem wir zurückkommen werden. Jetzt aber folgen wir ½ Std. der asphaltierten Straße bis zur Staumauer und überschreiten diese. Gleich danach gehen wir links auf die Piste, die entlang dem See führt. Sie steigt erst etwas an und ist dann mit einer Kette abgesperrt. Wir folgen stets dieser Piste den See entlang; nach einer halben Stunde verbietet ein Schild den Weiterweg, weil der Hang abgerutscht ist, doch kann man zu Fuß problemlos passieren. Im klaren Wasser können wir Überreste der Mühlen erspähen, die hier überflutet wurden; bei tiefem Wasserstand tauchen ihre Reste sogar auf. Dann ist das Seeende erreicht, das Pistenende nach einer Serpentine beim Bachbett des Riu Siurana. Wir überqueren ihn (schöner Rastplatz!) und gehen jenseits gleich wieder links talauswärts. Nach 50 m finden wir eine erst schwache, bald deutliche Wegspur. Sie führt uns ansteigend in einem Bogen nach rechts wieder über die Stelle, wo wir den Bach überquert haben. Dort geht die deutliche Spur links

aufwärts und wendet sich 30 m weiter wieder nach links. Genau hier in dieser Wende verlassen wir den deutlichen Weg, indem wir etwas geradeaus gehen und Spuren finden, die steiler in der Falllinie gegen den Wald und die Felsen aufwärts führen. Wir steigen darauf auf und erreichen nach knapp 10 Min. eine Piste. Auf dieser gehen wir rechts, erst leicht abwärts. Nach 5 Min. verzweigt sich die Piste; wir wählen die linke, obere Piste, die durch eine Kette versperrt ist. 50 Schritte nach der Kette ist am Boden der Eisendeckel einer Wasserleitung sichtbar und links neben der Piste ein kleiner Steinmann. Hier steigen wir weglos in der Falllinie oder leicht links haltend durch den Wald auf. Nach etwa 5 Min. treffen wir auf die Reste eines ehemals guten Weges und folgen diesem rechts aufwärts. Er ist nun unverkennbar und führt uns in weiteren 5 Min. zu den Ruinen des **Mas del Franquet** vor einem schönen roten Felsenrund. Wir kämpfen uns durch den dichten Bewuchs um die Ruinen herum und entdecken auf der Bergseite Pfadspuren, die steil in die Höhe führen. Wir steigen steil auf, bis wir nach 7 Min. auf ein ebenes Band gelangen. Hier gehen wir rechts horizontal für 2 Min. und können dann wieder nach links steil aufwärts gehen. Wir folgen stets den Pfadspuren und kleinen Steinmännern, erst wieder weit nach links, dann wieder rechts. Wir erreichen einen kleinen ebenen Rastplatz, neben dem sich ein einzelner hoher Felsturm erhebt (die Leute von Siurana nennen ihn Roca dels Solters, lediger Klotz). Neben ihm geht's steil in der Falllinie aufwärts und nach gut 5 Min. an den Fuß einer Felsstufe. Eine kurze, unschwierige, luftige Kletterei führt uns darüber auf ein Band, wo wir einen Weg vorfinden.
Wir gehen auf dem Weg zunächst 5 Min. horizontal nach rechts taleinwärts bis zur faszinierenden Wegstelle *La Tronca*, wo der Pfad vom Fels überdacht wird. Anschließend kehren wir um und folgen dem Band bis zum Parkplatz vor **Siurana** und wandern von dort zum Dorf. Wir besichtigen die verschiedenen Winkel, Brunnen und den Kirchplatz und gehen weit auf den Sporn hinaus.
Der Abstieg beginnt bei den 3 großen Pinien am Dorfeingang. Wir schlagen den *Cami vell* ein und steigen auf dem PR in Serpentinen in die Tiefe. Nach einer Viertelstunde kommen von links die blau-gelben Markierungen des Wegs *Grau de la Portella*. Bis nach Cornudella leiten uns nun teils weiß-gelbe, teils blau-gelbe Farbmarkierungen. Wir steigen weiter abwärts, überqueren eine Piste und finden unseren Weg sehr ausgewaschen und überwachsen vor. Schließlich erreichen wir ½ Std. nach Siurana den Bachgrund und steigen jenseits auf dem trockenschiefrigen Weg hinauf zum **Coll de les Lloses**. Dahinter wandern wir in 10 Min. hinunter zum See. Bei tiefem Wasserstand können wir hier geradeaus wandern, sonst müssen wir auf deutlichem Weg den Seitenarm des Sees in 20 Min. umgehen. Jenseits des Sees führt uns der Weg nun wieder unverkennbar aufwärts zurück nach **Cornudella de Montsant**.

La Tronca.

25 Mare de Déu de l'Abellera, 1020 m

Kleine Wanderung zur magischen Einsiedelei

Prades – Mare de Déu de l'Abellera – Prades

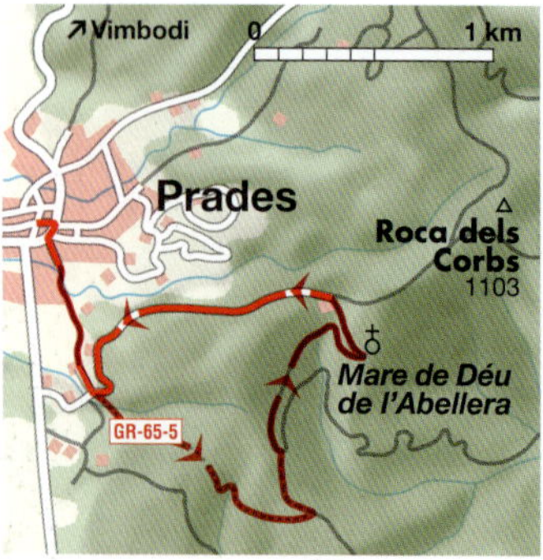

Ausgangspunkt: Prades, 940 m; Plaça Major.
Gehzeiten: Prades – Mare de Déu de l'Abellera 1 Std., Abstieg nach Prades ½ Std., Gesamt: 1½ Std.
Höhenunterschied: 80 m.
Anforderungen: Leichte Wanderung auf Waldwegen und Naturstraßen.
Karte: ICC 16 Conca de Barberà, oder ICC 29 Priorat, beide 1:50.000 / Editorial Piolet, Muntanyes de Prades, 1:25.000.
Einkehr: Keine, Bars und Restaurants in Prades.
Kombinationsmöglichkeit: Mit Tour 26 *Tossal de la Baltasana* (siehe Hinweis dort).
Hinweis: Zur Ermita und den dortigen Rastplätzen kann auch der Betonpiste, die wir für den Rückweg verwenden, gefahren werden.
Tipp: Der Schlüssel (»clau« cat. / »llave« cast.) zur Einsiedelei ist gegen Hinterlegung eines Ausweispapiers im Ajuntament an der Plaça Major in Prades erhältlich; empfehlenswert, da ohne Schlüssel nur das Eingangstor zur Anlage sichtbar ist!

Die Ermita *Mare de Déu de l'Abellera* – Muttergottes zu den Bienenstöcken – liegt auf einer aussichtsreichen, schmalen, felsüberdachten Bergterrasse im roten Sandstein. Hinter einem Eingangstor folgt ein Vorplatz, danach die Kapelle und am Ende wird die Terrasse durch ein Bienenhaus abgeschlossen. Auf schönen Waldwegen gelangt man zu diesem einmaligen Kleinod und auf einer Betonpiste wieder zurück.
Wir verlassen die **Plaça Major** durchs alte Mauerportal und orientieren uns halb rechts. Durch die *Carrer de la Cavalla* wandern wir gerade aus dem Dorf hinaus auf dem GR 65-5. Nach gut 10 Min. treffen wir eine Betonpiste, die auch zur Abellera führen würde. Wir aber bleiben auf dem GR, steigen mit ihm im Wald auf. Dann beginnt sich der GR wieder zu senken und ein Stück weiter – eine gute halbe Stunde seit Wanderbeginn – treffen wir auf eine Piste. Hier verlassen wir den GR und gehen links auf der Piste entlang den schwach weiß-gelben Markierungen. Bei der Wegteilung gehen wir links weiter, bis wir nach 10 Min. den Pass vor der Einsiedelei erreicht haben. Wir wenden uns nach rechts und gelangen so in 4 Min. zur **Ermita Mare de Déu de l'Abellera**. Neben der Besichtigung der Kirchenanlage

können wir auch hinunter zu tieferen Höhlen und zur Quelle gehen sowie auf Felsen hinaustreten und die Aussicht genießen.
Für den Rückweg gehen wir der Betonpiste nach, bis wir bei ein paar Häusern wieder auf die weiß-roten Markierungen des GR 65-5 treffen, die uns in 10 Minuten nach **Prades** führen.

Ermita Mare de Déu de l'Abellera.

26 Tossal de la Baltasana, 1203 m

Der Klassiker von Prades aus

Prades – Coll del Bosc – Tossal de la Baltasana – Roca del Gringol – Cova del Pere – Prades

Ausgangspunkt: Prades, 940 m; Plaça Major.
Gehzeiten: Prades – Coll del Bosc 40 Min., Coll del Bosc – Tossal de la Baltasana 20 Min., Tossal – Roca del Gringol 20 Min., Roca – Cova del Pere 10 Min., Cova del Pere – Prades 1 Std., Gesamt: 2½ Std.
Höhenunterschied: 260 m.
Anforderungen: Leichte Wanderung zumeist auf schönen Naturstraßen.
Karte: ICC 16 Conca de Barberà, oder ICC 29 Priorat, beide 1:50.000 / Editorial Piolet Muntanyes de Prades, 1:25.000.
Einkehr: Keine, Bars und Restaurants in Prades.
Variante: Kombination mit Tour 25 und auf dem Rückweg noch zur L'Abellera aufsteigen (plus 1 Std.): 20 m hinter dem Wasserbecken scharf links (nicht halb links!) gehen – also gleichsam auf der andern Seite eines Bächleins wieder zurück aufwärts. Auf dieser Piste 200 m weit, bis rechts eine grobe, deutliche Wegspur aufwärts abzweigt. Diese einschlagen und aufwärts steigen, bis zum Fahrweg (2 Min.). Dort geradeaus weiter, nächste Wende nach rechts und 100 m danach links steil auf Wegspuren aufwärts auf den Grat, der hier ein bewaldetes Flachstück bildet. Dort links horizontal weiter bis zur Piste, dieser (geradeaus) links folgen. Sie führt uns ohne Abzweigung erst links um Els Pics, senkt sich dann kurz steil und läuft in weitem Bogen bis zum *Coll de Sant Roc* und zur Einsiedelei *Mare de Déu de l'Abellera*.

Hinweis: Alle verfügbaren Karten enthalten in diesem Gebiet Unstimmigkeiten und teilweise grobe Fehler; da die Orientierung in den Muntanyes de Prades schwierig sein kann, bitte genau den Wegbeschreibungen folgen!

Prades – die rote Stadt –, die dem ganzen riesigen Bergland ihren Namen gegeben hat, ist mit ihren Mauern und Toren und der quadratischen Plaça Major eine geschichtsträchtige und sehenswerte Stadt. Wir wandern auf dieser Tour durch schattige Laubwälder hinauf zum höchsten Gipfel der Muntanyes de Prades, queren auf der Höhe zu seltsamen Felsformationen und zu einer komfortablen Wohnhöhle.

Durch ein Mauertor wird die Altstadt von Prades verlassen.

Beim Coll del Bosc.

Von der **Plaça Major** gehen wir Richtung Norden durch die *Carrer de Sant Antoni* bis zur tiefsten Stelle, wo wir nach rechts durch ein Mauertor und über die Brücke die Altstadt verlassen können. Wir folgen der Gasse bis zur Straße und überqueren sie. Nun schlagen wir nicht die ebene, breite Straße ein, auf der auch der GR verlaufen würde, sondern gehen halb links eine Straße aufwärts (eine schwache weiß-gelbe Markierung und eine versteckte Tafel *Tossal Baltasana, Cami de Tillar* weisen darauf hin). Weiter auf dieser Straße, die bald die letzten Häuser hinter sich lässt und als Piste in den Wald hinaufführt; gelegentlich können wir eine weiß-gelbe Markierung erkennen. Wir bleiben stets auf dieser unverkennbaren Piste, bis wir auf einen Gratrücken kommen, wo wir rechts abzweigen und 50 m weiter den **Coll del Bosc** erreichen. Alte und neue Wegweiser weisen hier die verschiedensten Richtungen und über uns ist die höchste Stelle des *Tossal* zu sehen. Wir erreichen sie, indem wir links durch den Hang auf der Piste aufwärts gehen, vorbei an der Font der ehemaligen *Mina de l'Obis* bis auf den Grat, wo wir uns nach rechts wenden und auf dem Sträßchen in 10 Min. den Gipfel **Tossal de la Baltasana** erreichen.

Anschließend gehen wir dieses Sträßchen zurück bis zum Wegweiser und bleiben nun geradeaus Richtung Nordosten. 4 Min. später zeigt ein Wegweiser *Cova del Pere* nach rechts, wir aber bleiben geradeaus auf dem Bergrücken und der Piste und folgen den weiß-roten Markierungen des GR 171. Bald läuft die Piste als eindrücklicher Höhenweg links des Grates durch Wald und große Felsbrocken und erlaubt schöne Weitblicke in die Ebenen der Provinz Lleida. Nach knapp 10 Min. wendet sich der Weg nach rechts in einen lichten Zauberwald; 100 m weiter liegt zur Linken die unscheinbare *Font del Mas de Pagès*. Jetzt bitte genau der Wegbeschreibung folgen! Wir wandern noch rund 2 Min. auf dem Sträßchen weiter, bis es wieder eine deutliche Wende nach links nimmt und weiß-rot markiert ist. Unmittelbar in der Kurve biegen wir rechts ab und gehen auf kleiner Wegspur, die Mauerreste quert, leicht aufwärts, wo wir gleich einen Waldpassübergang erkennen. Bevor wir

diesen ganz überschreiten, können wir direkt auf der Passhöhe nach links in 3 Minuten zu den seltsamen Felsformationen **Roca del Gringol** queren. Während der erste nur schwierig zu erklettern ist, zeigt der zweite gar felsgehauene Stufen und erlaubt uns, über den umliegenden Wald Ausschau zu halten. Von den Felsen gehen wir zurück auf den Waldpass, den wir nun ganz überschreiten. Wir übersehen eine ältere Abzweigung und gelangen gleich danach zu einer fahrbaren Piste, auf der wir uns nach rechts wenden. Sie führt uns in 5 Minuten zum schönen Platz der *Cova del Pere*.
Nun gehen wir wiederum die letzten 5 Minuten auf der Piste zurück bis zur Abzweigung zum Waldpass, wo wir diesmal aber auf der Piste bleiben und im Bogen nach rechts abwärts weiterwandern. Das Sträßchen führt an einem kleinen Bassin und dann einer Finca vorbei allmählich steiler in die Tiefe, über den Bach und dann durch Haselnussplantagen, bis wir nach einer knappen halben Stunde Abstieg zum großen Wasserbecken kommen, das wir vom Gipfel des Tossal unter uns gesehen haben. 20 m nach dem Oberrand des Bassins finden wir eine Kreuzung, scharf links würde hier die → Variante abzweigen, ansonsten gehen wir von hier auf dem alten Weg, der parallel zum Sträßchen läuft, weiter stets geradeaus abwärts und gelangen in einer halben Stunde nach **Prades**.

Blick über die weiten Wälder der Muntanyes de Prades von der Roca del Gringol.

27 Els Motllats, 1020 m

Die Hochebene der Berge von Prades – samt Höhlen aller Art

Capafonts – Cova de les Gralles – Pont de Goi – Font Nova – Cova del Grèvol – Roca Foradada – Capafonts

Ausgangspunkt: Wendekurve unterhalb Capafonts, 710 m.
Gehzeiten: Capafonts – Cova de les Gralles 1 Std., Cova de les Gralles – Pont de Goi 40 Min., Pont de Goi – Font Nova 20 Min., Font Nova – Cova del Grèvol ½ Std., Cova del Grèvol – Roca Foradada ½ Std., Roca Foradada – Capafonts ½ Std.; Gesamtzeit: 3½ Std.
Höhenunterschied: 310 m.
Anforderungen: Raue Bergwege und Pisten, spärliche Wegmarkierungen.
Karten: ICC 29 Priorat, oder ICC 8 Baix Camp, beide 1:50.000; Editorial Piolet Muntanyes de Prades, 1:25.000.
Einkehr: Keine, Bar-Restaurant in Capafonts.

Die Motllats sind eine ausgedehnte Hochebene auf 1000 m Höhe im Herzen der Berge von Prades. Ihr Kalkgestein ist vom Regenwasser erodiert, sodass sich dort, wo Schluchten die Ebene aufbrechen, eine Vielzahl von Höhlen zeigt, während dort, wo Tonschichten den Abfluss bremsen, Quellen entspringen. Unsere interessante und eindrückliche Wanderung führt uns zu Quellen, zu großen und kleinen Höhlen, zu zwei durchbohrten Felsen und ein Stück über die Hochfläche.

Von der Wendekurve der Straße gehen wir auf der Feldstraße bis zum Bachgrund, wo wir den linken Weg *La Mussara per la Llúdriga* einschlagen. Wir folgen immer geradeaus der schönen Piste. Nach gut 20 Min. kommen wir zur Abzweigung, wo der Bergweg beginnt. Wir gehen zunächst aber noch 1 Min. auf der Piste weiter zur *Font de la Llúdriga*. Wieder zurück beim Bergweg steigen wir durch den unverkennbaren Vegetationstunnel steil auf und treffen nach 10 Min. auf einen Fußweg, dem wir taleinwärts folgen. Er teilt sich nach weiteren 3 Min.: wir gehen zuerst links auf dem schmalen Pfad in Richtung der riesigen Höhle, die wir im Talhintergrund bereits sehen können. Der Pfad läuft durch die Flanke ins Tal, dann weglos durch das Bachbett zur gewaltigen Felsmuschel **Cova de les Gralles**.

Gleichen Wegs kehren wir zum Bergweg zurück und folgen ihm 10 Min. weiter bis zur Stelle, wo genau unter uns nun die Cova liegen würde und der Weg über einen kleinen Pass geht; hier müssen wir rechts abbiegen (unscheinbare Holztafel *Pont de Goi* und violett-weiße Markierungen). Steil steigt der Pfad zum durchlöcherten Felsen **Pont de Goi**, den wir erst unterschreiten, dann links im Bogen ansteigen und überschreiten. Dort treffen wir auf eine alte Piste, auf der wir uns nach links wenden. (Wir werden nun eine knappe Stunde stets auf Pisten gehen und einige Verzweigungen antreffen: wir gehen ausnahmslos bei jeder Pistenverzweigung links, insgesamt 7-mal!) Auf der Höhe treffen wir eine neuere Piste und wandern auf den **Motllats** zur **Font Nova**.
Wir gehen immer weiter auf Pisten und gelangen so zu einem Hochtal, das Spuren ehemaligen Getreideanbaus zeigt. Wir wenden uns ein letztes Mal nach links und wandern auf der Piste nun talauswärts (Richtung Capafonts). Nach 4 Min. hört die Piste bei einer rostigen Blechhütte auf, ein Pfad beginnt und gleich erreichen wir die **Cova del Grèvol**. Bald entdecken wir Nebenhöhlen und immer neue kleine und große, auch ausgebaute, komfortable, sogar Höhlen mit eingebauter moosiger Quelle. Der wunderschöne Weg läuft auf einer Felsterrasse, an deren Ende wir auf einer Felsenkanzel Tiefblicke auf Capafonts genießen; wir wenden uns nach rechts und erreichen 1 Min. später eine Verzweigung, wo wir den absteigenden linken Weg einschlagen. Er verliert zunächst kaum an Höhe, dann fällt er doch in Serpentinen steil in die Tiefe zur **Roca Foradada**, dem zweiten Felsenfenster. Wir gehen weiter auf dem Pfad abwärts, queren fast zuunterst 3-mal eine Piste und gelangen zur Fahrstraße unterhalb von **Capafonts**, das wir auf der Straße in gut 5 Min. erreichen können.

Cova de les Gralles.

28 Mola d'Estat, 1126 m (auch Mola dels Quatre Termes, 1120 m)

Einsame Wege auf großartige Höhen

Farena – Font del Mas de Mateu – Mas de Roquerol – Viladecabres – Mola d'Estat – Viladecabres – Mas d'en Toni – Farena

Ausgangspunkt: Farena, 610 m, Zufahrt über TV-7044 von La Riba.
Gehzeiten: Farena – Font del Mas de Mateu 1½ Std., Font – Mas de Roquerol 20 Min., Mas – Viladecabres 20 Min., Viladecabres – Mola d'Estat 20 Min., Mola – Viladecabres ½ Std., Viladecabres – Mas d'en Toni ¾ Std., Mas d'en Toni – Farena 1 Std., gesamt: 4¾ Std.
Höhenunterschied: 600 m.
Anforderungen: Fast durchgehend schmale unbezeichnete Bergwege, teils steil, oft überwachsen, stellenweise im Verlauf etwas suchbedürftig, anstrengend; die spektakulären Orte an der Roquerola und der Mola d'Estat wiegen alle Strapazen auf.
Karte: ICC 8 Baix Camp, 1:50.000; Editorial Piolet Muntanyes de Prades, 1:25.000.
Einkehr und Unterkunft: Keine, saisonal Bar und Restaurant und Agrotourismus in Farena.
Variante: Die Mola d'Estat lässt sich auch auf dem GR-171 zwischen Prades und dem Berghaus *Refugi dels Cogullons* (CEM) begehen.
Hinweis: Nach starken Regenfällen ist der Abstieg von Viladecabres zum Mas d'en Toni nicht begehbar! Ein Abstieg auf dem Aufstiegsweg (GR/PR) ist möglich.
Tipp: Der Fluss *El Brugent* bietet auf seinem ganzen Lauf da und dort hervorragende Bademöglichkeiten mit Felswannen und Fällen. Eine besonders schöne Stelle befindet sich auf der letzten Etappe unserer Wanderung.

Die Muntanyes de Prades sind nach Norden mit einer langen Bergkette abgeschlossen, die trotz ihrer konstanten Höhe von 1000 m aus verschiedenen Gesteinen gebildet ist: Konglomerat, Sandstein, Kalk und an der Mola d'Estat gar Granit. So erheben sich faszinierende Felsgebilde aus den weiten Wäldern: vom Tossal de la Baltasana und den Roques de Gringol (Tour 26) über die hier beschriebenen Mola d'Estat und Mola de Roquerola bis hin zum Felsenbalkon Mirador de la Pena (Tour 29).
Unsere Wanderung führt auf alten Saumwegen hinauf zum Höhlendorf Mas de Roquerol, wo sich ehe-

Auf dem alten Saumweg durch den Grau.

dem Haus an Haus unter die Balme geschmiegt hat, während heutzutage die Sportkletterer ihre Überhänge direkt aus den Ruinen in Angriff nehmen. Vom sensationellen Gipfelplateau der Mola d'Estat (auch Mola dels Quatre Termes genannt, weil auf ihrem Rücken 4 Gemeinden zusammenkommen) genießen wir weite Ausblicke, bevor wir uns neben gewaltigen Granittürmen wieder in die Tiefe begeben. Den Abschluss bildet schließlich eine Hangwanderung auf gediegenem Saumpfad, vielleicht ergänzt mit einem Abstecher hinunter zum Riu Brugent, der hier so unvergleichlich schön über die Felsen läuft.

Wir beginnen an der Straße westlich unterhalb von **Farena**, wo wir beim Wegweiser auf den PR-C 20-2 Richtung *Mas Mateu, Cogullons* einschwenken. Der Weg beginnt unschön, verwandelt sich aber bald in einen gediegenen Fußweg, der Farena westwärts verlässt. Nach 10 Min. biegen wir mit dem PR nach rechts ab. Nach ¾ Std. Aufstieg durch die Wälder erreichen wir die oberste Steilpartie *El Grau*, wo der Weg durch die Felsen die Höhe erreicht. Dort finden wir einen Wegweiser und gehen rechts gerade auf deutlichem Weg Richtung *Els Cogullons*. 2 Min. später treffen wir auf ein

Das Gipfelplateau der Mola d'Estat.

Bassin; der Fußweg des PR führt uns geradeaus weiter. Nach 3 Min. überqueren wir vor einem Wegweiser die Piste davor und folgen der angezeigten Richtung. Gleich erreichen wir hinter einigen Eiben die **Font del Mas de Mateu**. Hier verlassen wir den PR und wenden uns bei der Wasserquelle nach links Richtung Roquerola. Stets der deutlichsten Wegspur folgend gelangen wir durch zauberhaften Wald in 10 Min. auf einen aussichtsreichen Felsvorsprung. Anschließend geht es nach rechts auf einem Felsband in die Steilwände hinein. Durch die ehemalige Eingangstüre betreten wir das erste Haus des **Mas de Roquerol** und bleiben entlang den Ruinen stets auf dem schmalen Band unter den ausgedehnten Überhängen. Nach den letzten Hausruinen queren wir noch weiter horizontal unter der Felswand, um an deren Ende nach rechts auf deutlichen Spuren anzusteigen. Wir gelangen so über die Felswand und nach 10 Min. bei einem Steinmann auf eine ebene Lichtung. Auf der gegenüberliegenden Seite der Lichtung finden wir einen deutlichen Weg, dem wir nach links folgen. 2 Min. später gehen wir geradeaus, leicht rechts auf der deutlichen Wegspur weiter. So erreichen

wir 5 Min. später den Pass **Viladecabres**, der die Verbindung zwischen der Mola de Roquerola und der Mola d'Estat bildet. (Hier werden wir im Abstieg nach Süden in die Tiefe gehen.) Jetzt gehen wir geradeaus weiter und beginnen den Aufstieg. Nachdem wir 6 Min. vom Pass aufgestiegen sind, biegen wir nach rechts (weiße Markierung). So gelangen wir zu einer Piste, die wir 10 m höher gleich wieder nach links verlassen (Steinmännchen). Weglos durch den Wald, eher rechts haltend, sind wir 2 Min. später beim *Taula dels Quatre Batlles*, einem Tisch, an dem sich die 4 angrenzenden Gemeinden zusammensetzen können. Hier stoßen wir auch auf den GR-171 mit seinen weiß-roten Markierungen. Wir folgen der Piste neben der *Taula* Richtung Westen bis an deren Ende. Zwischen zwei Steinen führt uns der GR auf die großartige Gipfelterrasse der **Mola d'Estat** (1126 m).
Für den Abstieg folgen wir zunächst weiter dem GR, der kurz vor dem Westende des Gipfelplateaus steil in die Tiefe führt. Sobald nach 1 Min. die Felsen aufhören, gelangt der GR auf einen kleinen Pass: halb rechts verläuft der GR nach *Prades* weiter, halb links eine Wegspur in 1 Min. zur *Cova Fumada*. Wir aber orientieren uns ganz links in der Falllinie vom GR weg, dort wo die gekreuzte weiße und rote Marke die Richtung eigentlich als falsch bezeichnet. Auf einer Spur geht es nur kurz abwärts, und wir halten uns nach links!, wo wir gleich einen wenig begangenen, aber deutlichen Weg finden. Er führt bald hangeben unter den Gipfelfelsen der Mola d'Estat durch den Wald, steigt zwischenzeitlich sogar wieder leicht an. Wir folgen stets weiter diesem Weg, der nie mehr als 2 bis 3 m steil in die Tiefe geht, sonst immer nach links tendiert. Wir überqueren einige Gratpässe über den außergewöhnlichen Granitfelsen, können dort auch auf diese hinaustreten. Nach gut 20 Min. gelangen wir so wieder auf den Aufstiegsweg und steigen auf diesem ab zum Pass **Viladecabres**.
Nun gehen wir nach rechts Richtung Süden auf deutlichem schönem Weg in die Tiefe. Nach 2 Min. verpassen wir die erste Wende nach rechts nicht, folgen dann stets der ausgeprägten Spur und gelegentlichen Steinmännchen. Der Weg wird immer rauer, ausgewaschen und folgt schließlich dem Bachgrund, wo er manchmal die Seite wechselt (Steinmännchen beachten!). Schließlich nimmt er noch eine weite, stark überwachsene Wende nach links, geht dann durchs Bachbett selbst, um endlich eine alte Fahrspur zu erreichen. Damit ist der Abstieg geschafft und gleich wird auch das Gebäude des **Mas d'en Toni** sichtbar. 30 m vor dem Haus finden wir die Abzweigung nach links Richtung *Farena* (schwarze Schrift auf Stein). Wir gelangen auf einen schönen »Cami de ferradura«, einen steingepflasterten, schmalen Saumweg, der uns mehr oder weniger horizontal zurückführt. Nach einer Viertelstunde können wir bei einer blauen Markierung einen Abstecher hinunter zum Fluss El Brugent machen. Sonst folgen wir weiter dem Saumweg und treffen nach einer guten halben Stunde auf den PR, den wir zum Aufstieg benutzt haben. Auf ihm kommen wir zurück ins Dorf.

29 Monestir de Poblet – Mirador de la Pena, 960 m

Alte Pilgerwege im Steineichenwald

Monestir de Poblet – Senda del Colom – Mirador de la Pena – Sender Artiga – Les Masies – Monestir de Poblet

Ausgangspunkt: Monestir de Poblet, 500 m; ÖV Bus Tarragona-Lleida.
Gehzeiten: Aufstieg 2 Std., Abstieg 1½ Std.; Gesamtzeit: 3½ Std.
Höhenunterschied: 460 m.
Anforderungen: Bergwanderung auf schönen, bequemen Wegen und Pisten; im Abstieg sind einige steile, rutschige Passagen zu bewältigen.

Karte: ICC 8 Baix Camp, ICC 16 Conca de Barberà, jeweils 1:50.000.
Einkehr: Bars und Restaurants beim Kloster und in Les Masies; Trinkwasser bei La Pena.
Hinweise: Das königliche Monestir de Poblet ist das vornehmste der 3 Zisterzienserklöster und lohnt den Besuch (geöffnet 10–12.30/15–17.30 Uhr).

Das 1151 gegründete Monestir Santa Maria de Poblet liegt am Nordrand der Muntanyes de Prades, vor sich die fruchtbaren Hügel der Conca de Barberà, im Rücken die niederschlags- und wildreichen Wälder. Als Klosterbesitz entgingen diese einer intensiven Nutzung, wurden als Naturpark geschützt und zeigen so bis heute in seltener Ursprünglichkeit die botanische Vielfalt des katalanischen Waldes auf. Unsere Wanderung steigt auf dem wunderschönen Senda del Colom durch die verschiedenen Stufen dieses Waldes hinauf auf einen hervorragenden Aussichtspunkt, der einen schönen Blick über die Klosteranlagen und das weite Umland gibt.

Mirador de la Pena.

Vom Klostereingang folgen wir der Straße der oberen Klostermauer entlang nach Osten. Am Brunnen *Font de l'Abat Siscar* führen die beiden äußeren Röhren eisen-, die mittlere magnesiumhaltiges Wasser. Nach 500 m zweigt rechts eine Piste Richtung *La Pena* ab. 5 Min. höher gehen wir bei einer Straßenkehre geradeaus auf den *Cami de la Pedrera*. Wir orientieren uns nun stets an dem gut weiß-rot markierten Weg, der stellenweise vom Hochwasser zerstört wurde, aber unverkennbar ist. Nach einer halben Stunde erreichen wir wieder eine Piste; hier verlassen wir den GR. Wir gehen rechts Richtung *La Pena*, kommen nach 3 Min. zu einer anderen Piste, die wir überqueren, um auf einem Fahrweg weiterzugehen. Hier finden wir bald weiß-grüne Markierungen; wir steigen gut 10 Min. auf diesem Fahrweg an bis zur 2. Wende, wo links der **Senda del Colom** beginnt. Auf diesem ausnehmend schönen Waldweg wandern wir nun mal flach geradeaus, mal steil ansteigend. Schließlich erreichen wir wieder eine Piste, der wir aufwärts weiter folgen. Bei der nächsten Gabelung gehen wir links Richtung Osten auf dem Fahrweg weiter am GR-Wegweiser vorbei bis rechts die weiß-roten Markierungen auf den Fußweg zum **Mirador de la Pena**, 960 m, hinweisen. In steilen Serpentinen steigen wir auf die Aussichtsterrasse über den Felsen hinauf, wo wir außer der beeindruckenden Aussicht sogar ein Gipfelbuch finden.

Für den Rückweg müssen wir zunächst gleichen Wegs wieder zur Piste absteigen. Dort wenden wir uns nach rechts, wo wir gleich die Quelle finden. Wir gehen geradeaus weiter auf der Piste (mit einer Kette gesperrt) Richtung *Ermita de la Santissima Trinitat*. Bei einer Kreuzung nach gut 6 Min. bleiben wir geradeaus auf der Piste. Noch einmal so weit und wir finden zur Linken einen steilen Fußweg mit grünen Markierungen, den wir abwärts einschlagen. Nun sind wir auf dem **Sender Artiga**, auf dem wir 20 Min. steil absteigen. Sobald wir auf eine Piste stoßen, wenden wir uns nach links. Entlang weiß-roter Markierungen erreichen wir in 10 Min. einen Pass und gehen jenseits auf grobem Weg steil in die Tiefe. Im Talgrund treffen wir auf eine Piste, die uns zu Häusern führt. Dort wenden wir uns nach links Richtung Poblet und wandern auf einer weiß-rot und weiß-grün markierten Naturpiste nach **Les Masies**. Auf der Straße erreichen wir dann in einer Viertelstunde das Kloster.

30 Montmeneu, 495 m

Schöner Gipfel in den Trockengebieten des äußersten Westens

Refugi Caçadors – Montmeneu und zurück

Ausgangspunkt: Refugi Caçadors, 320 m; Zufahrt: von Lleida südwärts über die C-12 bis Maials, dort rechts auf der C-45 Richtung Seròs. Bei km 6,4 Abzweigung links Richtung Minera del Baix Segre S.A.. Auf breiter Schotterpiste nach 1,4 km Kreuzung: dort weiter geradeaus Richtung Minera del Baix Segre, für weitere 1,3 km. Die Piste verläuft über eine Höhe und beginnt sich schließlich wieder zu senken; 200 m später: schmale Piste nach rechts Richtung Refugi Caçadors; hier verläuft auch der GR 65-5, dessen weiß-rote Markierungen schwach sichtbar sind. Auf rauer, aber fahrbarer Piste 1,1 km bis zum privaten Refugi, einer neu gemauerten Jagdhütte mit ausreichend Parkplatz.
Gehzeiten: Aufstieg 1¼ Std., Abstieg gleichen Wegs 1 Std., gesamt 2¼ Std.
Höhenunterschied: 175 m.
Anforderungen: Raue Pisten und schmale Bergwege, am Gipfel steil.
Karte: ICC 33 Segrià, 1:50.000.
Einkehr: Keine.
Hinweis: Der GR 65-5 verläuft am Montmeneu ganz anders als in der Karte eingezeichnet; bitte dieser Beschreibung und den Markierungen im Gelände folgen, nicht der Karte!

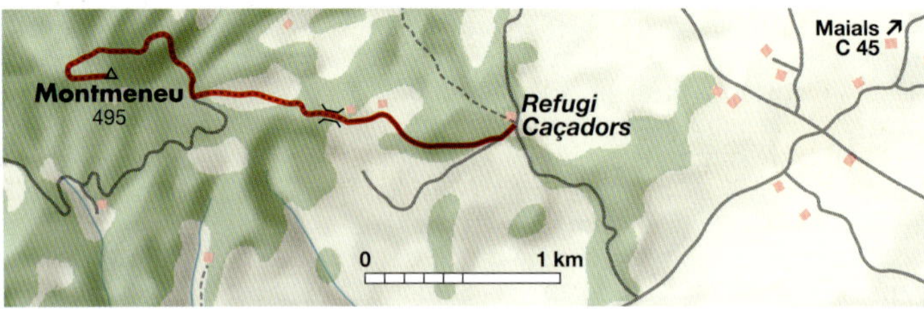

Der äußerste Westen von Katalonien am Unterlauf des Segre ist eine niederschlagsarme Landschaft von ganz eigenem Reiz: eine riesige Ebene, in die sich Trockentäler canyonartig eingegraben haben, mit weiten Kornfeldern und unendlichen Oliven- und Mandelplantagen. Unsere Wanderung in der Abgeschiedenheit dieser fast entvölkerten Weiten führt auf den einzigen Berg weit und breit – den wohlgestalteten Montmeneu –, von dem wir einzigartige Ausblicke genießen können.
Unser Weg beginnt 50 m vor der **Jagdhütte**, wo der GR eine scharfe Wendung nach (in der Anfahrtsrichtung) links macht. Wir wandern auf einer Piste Richtung Südwesten. Bei der Verzweigung nach 1 Min. wählen wir die rechte, obere, ältere Piste, auf der wir eine Viertelstunde später nach einer flachen Plantage auf einen kleinen Sattel gelangen. (Ab hier ist die Piste manchmal schlecht erkennbar, und auch die rot-weißen Markierungen des GR sind verblasst.) Wir wechseln 15 m auf die andere Seite des Sattels und

Am Beginn der Wanderung vor dem Refugi Caçadors.

gehen rechts horizontal weiter, dann sogar leicht abwärts durch Mandelplantagen. Nun gelangen wir in ein kleines Tälchen, das sich gegen den Gipfel hinaufzieht. Unser Weg läuft zuerst linksseitig das Tälchen hinan, um dann auf einer der letzten Mandelterrassen auf die rechte Seite zu wechseln. Dort steigen wir noch knapp 200 m weit auf einer alten Piste an bis zum Talhintergrund; jetzt verlassen wir die Piste und gehen rechts auf einen deutlichen Bergweg (grüne und weiß-rote Markierungen). Diesem schmalen Weg, der ab hier deutlich weiß-rot markiert ist, folgen wir für eine halbe Stunde: obwohl der Gipfel ganz nahe liegt, läuft der Weg rechts durch die Flanke – quasi zu drei Vierteln hinten um den Berg herum. Wir bleiben auf diesem Weg bis zu einer Antennenanlage. Von hier können wir links steil (Abrutschgefahr!) auf dem Grat den Gipfel des **Montmeneu**, 495 m, erklimmen, wo uns fantastische Ausblicke erwarten. Für den Rückweg wählen wir die gleiche Route.

31 Lleida – Seu vella und Parc de la Mitjana

Stadtwandern – Berg, Fluss und Wald

Bahnhof Lleida – Plaça de Sant Joan – Seu vella – Passarel·la – Canal de Seros – Parc de la Mitjana – Bahnhof

Ausgangspunkt: Bahnhof Lleida (Estació de FFCC/AVE).
Gehzeiten: Bahnhof Lleida – Plaça de Sant Joan ¼ Std., Plaça de Sant Joan – Seu vella ¼ Std., Seu vella – Passarel·la ¾ Std., Passarel·la – Canal de Seros ½ Std., Canal de Seros – Parc de la Mitjana ¾ Std., Rückweg zum Bahnhof ½ Std.; Gesamtzeit: 3 Std. (Das ist die reine Gehzeit, die man beim Stadtbummeln kaum einhält! Rechnen Sie also eher mit der doppelten Zeit.)
Höhenunterschied: Ca. 70 m (mit Rolltreppen und Lift).
Anforderungen: Leichte Wanderung, durchgehend auf befestigten Wegen und Straßen.
Karte: ICC 33 Segrià, 1:50.000 / Stadtplan der Infostellen.
Einkehr: Bars und Restaurants in Lleida; im größten Teil der Wanderung – von der Passarel·la bis zurück zum Bahnhof – kommt man an keiner Einkehrmöglichkeit vorbei!

Hinweise: Lohnenswerter Besuch der alten Kathedrale auf Seu vella (Kreuzgang, Turmbesteigung); geöffnet: 10–13.30/ 15–17.30 Uhr (Sommer 16–19.30), montags geschlossen, dienstags freier Eintritt.

Die 365.000 Einwohner zählende »kleine« Großstadt Lleida verdankt ihre Existenz dem strategisch bedeutsamen Hügel, der sich hier am Unterlauf des Segre aus der Ebene erhebt und Übersicht erlaubt. Er wurde seit alters von weltlichen und geistlichen Herren genutzt (*Seu vella* = alter Bischofssitz). Lange war sie die vergessene Stadt im fernen Westen von Katalonien. Erst in den letzten Jahren wurde sie mit beträchtlichem Aufwand und Geschick städtebaulich herausgeputzt und präsentiert sich nun als moderne, lebenswerte Stadt. Unsere Stadtwanderung führt uns an alten und neuen Bauten vorbei hinauf zum fantastischen Hügel von *Seu vella*, wo wir neben den vielen Zeugnissen der Vergangenheit auch großartige Weitblicke genießen können. Im Anschluss wandern wir den Fluss entlang zum Stadtpark *de la Mitjana*, wo wir auf weiten Waldwegen durch die naturbelassene Zone am Segre gehen können.
Vom Bahnhofsplatz gehen wir über die breite Rambla de Ferran bis zu der Stelle, wo man links über eine Straßenbrücke den Segre überqueren könn-

Rambla de Ferran.

te. Hier wenden wir uns nach rechts und betreten beim *Arc del Pont* die Altstadt. Nach wenigen Metern geht links die *Carrer major* weg, während sich zur Rechten der weite neu gestaltete Platz **Plaça de Sant Joan** öffnet. Wir überqueren den Platz und fahren auf einer langen Rolltreppe in die Höhe. Dort wenden wir uns nach links und finden im auffälligen Turm neben dem wellenförmigen Justizgebäude den Lift, der uns hinauf zum Hügel bringt. Wir steigen neben der Kathedrale zur höchsten Stelle, wo wir eine umfassende Weitsicht genießen können. Nach der Besichtigung von **Seu vella** gehen wir auf der Nordseite um die Bauten herum und können nach rechts noch zu *La Suda* aufsteigen und durch Tunnels auf die Nordseite des Hügels gelangen. Wir kehren neben die Kathedrale zurück und verlassen die Anlagen über die antike Ziehbrücke.
Über einen ausgedehnten Platz halten wir wieder nach links Richtung Liftturm, wo wir es diesmal vorziehen, nicht mit dem Lift abzufahren, sondern durch die schönen Anlagen und Sträßchen daneben abzusteigen. Von der *Plaça de Sant Joan* wenden wir uns nach rechts und durchschreiten die *Carrer Major* mit ihren teilweise sehr sehenswerten Bauten. An der Kreuzung nach der Infostelle wenden wir uns nach links und gehen abwärts zum Fluss, den wir auf der neu erstellten Brücke **Passarel·la** überqueren. Jenseits schlagen wir den Uferweg Richtung Nordosten ein. Wir wandern nun unter dem *Pont Vell*, später unter der Eisenbahnbrücke durch, eine halbe Stunde neben dem *Segre*, bis der Uferweg ca. 500 m nach einer

Im Parc de la Mitjana.

weiteren Straßenbrücke kurz vor dem Stauwehr vor uns aufhört. Hier gehen wir rechts auf eine Straße, die rechtwinklig vom Ufer wegführt. Sie führt gleich über den Beginn des **Canal de Seros** und wendet sich wieder nach links. Nun müssen wir leider 700 m auf dieser engen Asphaltstraße marschieren, bis wir links den Weg *Cami dels Pous* finden. Er führt uns gerade durch den Parkwald zu einer ersten Brücke, die wir überqueren. Wir befinden uns nun im **Parc de la Mitjana**; viele kleinere und größere Wege laufen hier, und wir können ganz nach Lust auf ihnen das Gebiet durchstreifen. Unsere Hauptrichtung geht auf dem breiten Weg geradeaus bis zu den Wasserbauten der *Pous* und dort links. So gelangen wir zur langen Brücke über den *Segre*.
Nach der Brücke führt uns der große Weg leicht rechts bis zu der Stelle am *Segre*, wo man Kanus wassern könnte. Hier wenden wir uns nach links – westwärts – und verlassen den Park an einer Stelle, wo die Quartierstraßen in einem großen Kreisel enden. Wir gehen zur Linken dem Rand des Parkes nach bis zum Stauwehr. Hier könnten wir wieder auf einen Uferweg absteigen, der aber diesseitig nicht so schön ist, wie wir ihn von der anderen Seite kennen. Also bleiben wir besser neben der Straße und wandern über eine große Straßenkreuzung bis zur Eisenbahnunterführung. Nach dieser schlagen wir die erste Seitenstraße nach rechts ein, die uns direkt zum Bahnhof zurückbringt.

Brücke über den Segre.

32 Canal d'Urgell – Nou Salts, 280 m

Wunderwerke der Wasserwerker – eine Kanalwanderung

Juneda – Nou Salts – Les Borges Blanques – Juneda

Ausgangspunkt: Juneda 240 m, ÖV: Bahn Barcelona-Lleida, Bus Tarragona-Lleida.
Gehzeiten: Juneda – Nou Salts ¾ Std., Nou Salts – Les Borges Blanques 1¼ Std., Rückweg durch die Felder 1½ Std., gesamt: 3½ Std.
Höhenunterschied: Unbedeutend.
Anforderungen: Flachwanderung auf gebauten Wegen und Pisten.
Karte: ICC 18 Garrigues, 1:50.000.
Einkehr: Keine, Bars und Restaurants in Juneda und Les Borges Blanques.
Tipp: An der Nationalstraße zwischen Juneda und Les Borges Blanques befindet sich auf halbem Weg ein großer Restaurationsbetrieb mit einer sehenswerten Erlebnisausstellung zum Thema Olivenöl.

Der südliche Teil der Provinz Lleida ist eine der regenärmsten Gegenden Kataloniens: keine guten Chancen für die Vegetation in den weiten Ebenen mit ihrem ausgesprochen trockenen Kontinentalklima! Der *Canal d'Urgell* aber leitet das Wasser des *Segre* über eine Länge von 144 km von Artesa de Segre aus in vielen Volten durch dieses Gebiet, bewässert tausende Seitenkanäle und Felder mit einem ausgeklügelten System und verwandelt so die Ebenen in wahre Obstgärten. Nehmen wir das Unangenehme vorweg: Die Viehmastfabriken in den Ebenen stinken da und dort erbärmlich. Davon abgesehen finden wir wunderschöne Wege unter Birken und Platanen, eine

Der Seitenkanal bei Juneda.

reiche Vogelwelt, interessante Anlagen der Wasserwerkskunst, insbesondere die Nou Salts, eine Treppe von neun Wasserstufen samt Minikraftwerk.

Wir starten auf der Nordostseite des Dorfes **Juneda**, dort wo eine Straße das Dorf Richtung *Parc d'Esports i Piscinas* über eine Brücke verlässt. Neben der Brücke sehen wir gleich den wunderschönen Kanalweg unter einer Doppelreihe von Bäumen. Wir schlagen den Pfad auf der dorfabgewandten Seite des Kanals ein (und werden bis nach Nou Salts auf dieser Seite des Kanals bleiben!). Am Dorfende verschwindet der Kanal seit 2003 ein Stück weit unter der Erde, eine neu gepflanzte Baumallee lässt seinen Verlauf dennoch erkennen. Indem wir dieser Allee folgen, gelangen wir nach insgesamt gut 10 Min. zu einem Wasserfall, bei dem wir auf den Kanaldamm aufsteigen. Ein kurzes Stück des Fußwegs auf dem Damm ist etwas überwachsen und ungepflegt, was sich aber gleich nach der nächsten Biegung bei einer Brücke wieder ändert. Wir bleiben auch hier auf der in Gehrichtung linken Seite des Kanals. Zur Linken liegt ein Wasserbecken *Pantà tancat*. Nach weiteren gut 10 Min. stößt eine Asphaltpiste von links zum Damm und bald verliert sich unser Fußweg darauf. Beim nächsten Wasserfall steigen wir nur zur Besichtigung auf schönem Aufstieg auf den Steg über dem Fall, queren aber nicht auf die andere Seite. Wir folgen vielmehr einem nun baumlosen Natursträßchen; jenseits des Kanals stinkt eine hässliche Schweinemästerei. Bald verschönern neu gepflanzte Platanen unseren Weiterweg, der mit dem Kanal eine Wende nach links macht und auf den Hügel zuläuft, wo die **Nou Salts** (9 Sprünge) auf uns warten. Die neun Stufen sind aus der Nähe kaum sichtbar, weil der Kanal in einem tiefen verwachsenen Graben läuft, doch ermöglicht die dortige Brücke eine gute Übersicht über die Anlage, das Steuerungshaus und das kleine Kraftwerk auf der anderen Seite.

Wenn wir weiter wandern, bleiben wir diesseits des Kanals und wandern ganz auf den Hügel hinauf, wo das Kanalwasser mit einem Rechen gesäubert wird. Der Kanal – es handelt sich übrigens noch nicht um den Hauptkanal, sondern um die *4a. sèquia principal del canal d'Urgell* – ist nun ruhiger

und breiter. Kurz darauf können wir ihn auf einem schmalen Fußsteg überqueren und auf der anderen Seite weiterwandern, stets auf gleicher Höhe, auch in weitem Bogen durch ein Seitentälchen. Nach etwa 20 Minuten erreichen wir eine Straßenbrücke, wo sich rechts eine Naturstraße Richtung Les Borges Blanques hinzieht. Wir queren wieder auf die obere Seite des Kanals und gehen auf dem dortigen Fahrweg in etwa 10 Minuten bis zur Hauptstraße. Nach deren Überquerung folgen wir weiter dem Kanal, nun auf wenig gebrauchter Fahrspur. 2 Minuten später sind wir erneut bei einer Hauptstraße, die hier auch noch gleich eine Verzweigung bildet. Wir gehen erst noch geradeaus hinüber zu einem alten kleinen Fabrikgebäude und finden dort die Stelle, wo die *4a.sèquia* vom Hauptkanal abgetrennt wird. Leider lassen sich die dahinter liegenden Fabrikanlagen nicht besichtigen. Wir wechseln daher über Straße und Kreuzung zur Tafel *Canal d'Urgell*. Auf der in Gehrichtung rechten Seite des Kanals wandern wir weiter; nicht kurz und direkt nach Les Borges Blanques, sondern in weitem Bogen nach Südosten ausholend. Hier zeigt der Kanal noch sein ursprüngliches Aussehen, ist nicht ausbetoniert, sondern gesäumt mit alten Platanen, die ihre Wurzeln ins Wasser halten und den Kanalrand wellenförmig gestalten. Die Ursprünglichkeit endet bei einer schönen Engstelle. Bei den anschließenden Brücken bleiben wir auf der rechten Seite. Nach 2 Stunden Wanderung ist der Dorfrand von **Les Borges Blanques** erreicht. Wir überqueren den Kanal und auch gleich die Eisenbahn beim dortigen Übergang und gehen in gleicher Richtung weiter. Wer mag, kann hier in 10 Min. auf der Straße links zum Zentrum von Les Borges Blanques aufsteigen, das mit seinen sehenswerten Gassen und Plätzen auf dem Hügel thront.
Sonst setzen wir die Wanderung fort, indem wir 300 m weiter bei der nächsten Straße wieder auf die rechte Seite wechseln und uns an einem Bikewegweiser orientieren. Auf der Naturpiste geht es den Kanal entlang zu einem Hügel, wo das Wasser in einem tiefen Einschnitt verläuft. Bei der Straßenbrücke gleich danach verlassen wir den Kanal und wenden uns nach rechts. Auf der Naturstraße gehen wir entlang dem Hügel, dann nach rechts mit einer Überführung über die Eisenbahn und durch die Ebene des *Riu la Femosa*. Jenseits der Ebene steigt die Straße vor einem gepflegten Anwesen nach links leicht an. Bei der anschließenden Verzweigung bleiben wir auf der meist befahrenen, leicht nach links gehenden Spur; 50 m weiter bei einem Wegweiserpfosten ohne Wegweiser gehen wir halb rechts. So kommen wir ½ Std. hinter Les Borges Blanques wieder zu den **Nou Salts**. Diesmal zweigen wir nicht nach links in den Kanalweg ab, sondern gehen geradeaus weiter. Am Bassin *Pantà Nou Salts* vorbei wandern wir bis zur Asphaltstraße, wo wir uns nach links Richtung Kanal orientieren. Am Becken *Pantà La Màquina* und dem ehemaligen Mannschaftshaus vorbei kommen wir wieder zum Kanal. Auf dem ersten Stück des Hinwegs kehren wir nach **Juneda** zurück.

Nou Salts.

33 Forès, 870 m

Durch Feld und Wald – reiche Natur auf schönen Wegen

Forès – El Fonoll – Sant Pere de Savella – Forès

Ausgangspunkt: Abzweigung an der T-222 Richtung Forès, 800 m.
Gehzeiten: Abzweigung Forès – El Fonoll 1 Std.10 Min., El Fonoll – Sant Pere 45 Min., Sant Pere – Forès (Dorf) 1 Std. 10 Min., Dorf – Abzweigung 10 Min., gesamt: 3¼ Std.
Höhenunterschied: Ca. 350 m.
Anforderungen: Schöne Naturstraßen, je hälftig durch weite Kornfelder und durch lichten Wald.
Karte: ICC 16 Conca de Barberà, 1:50.000.
Einkehr: Keine, saisonal Bar bei Forès.
Hinweis: Das Dörfchen *El Fonoll*, das wir auf dem GR durchqueren, ist als *Poble naturista* neu aufgebaut, die Feriengäste bewegen sich dort nackt.
Tipp: Die Krete der Serra del Tallat ist fast auf ihrer ganzen Länge mit einer schmalen, aber wunderschönen Asphaltstraße bestückt; von der Abzweigung Forès nach Osten Richtung Conesa (ideal für Biker!) und von dort weiter bis Sta. Coloma de Queralt – nach Westen zuerst auf der T-222 900 m Richtung Norden fahren, dann links abbiegen.

Forès liegt aussichtsreich über der Conca de Barberà. Die Wanderung führt durch Getreidefelder und reichhaltige Flora und Fauna hinunter nach El Fonoll, zur einsamen Kapelle Sant Pere de Savella hinauf und in weitem Bogen zurück.
Wir starten unmittelbar an der Abzweigung an der T-222 zwischen der Straße und dem Haus bei der Waage. Der als GR markierten Feldstraße folgen wir nach Norden, bis nach etwa 25 Min. der GR etwas unvermittelt die Talseite wechselt, doch ist die Markierung gut sichtbar. In einer guten Stunde erreichen wir **El Fonoll**, das auf einem Gratvorsprung leicht erhöht thront. Wir überqueren den Bach und steigen rechts unter der alten Kirche und dann auf schmalem Pfad zum Dorf auf. Wir queren gleich bei den ersten Häusern auf die Nordseite der Häuserzeile und folgen dort der Straße nach

Sant Pere de Savella.

rechts. Die ausgedehnten Rast- und Picknickplätze, die wir passieren, sind den Naturistengästen vorbehalten und nicht für Passanten gedacht. Die Straße verlässt das Dorf in der Höhe. Etwa 200 m nach dem Dorf wählen wir die linke, aufwärts führende Piste. Sie steigt rau und steil durch Wald auf, bis wieder mehr und mehr Kornfelder dazukommen. Eine gute halbe Stunde nach El Fonoll treffen wir auf einen Wiesenpass. Hier beginnt unser kleiner Abstecher zur Kapelle **Sant Pere**: Wir wenden uns nach rechts (die Fahrspur scharf nach rechts übersehen wir) und erreichen auf einer Wiesenstraße in 5 Min. den schlichten Bau.
Zurück beim Wiesenpass wandern wir weiter, wählen nach 30 m die rechte Seite und folgen der Feldstraße abwärts bis zu einer Asphaltstraße. Nun geht es rechts, nach gut 5 Min. bei der ersten Gelegenheit zweigen wir wieder nach rechts auf eine Naturstraße ab. Dieser folgend gelangen wir in knapp 20 Min. zum Wegweiser vor dem Hügel von **Forès**. Auf einer steilen Betonpiste steigen wir zum Dorfrand auf und gehen dort mal links, mal rechts über Treppen und durch Gassen zur Terrasse und zum höchsten Punkt. Hinter der Kirche beginnt eine Straße, die uns abwärts in 10 Min. an den Ausgangspunkt zurückbringt.

34 Serra de Miramar, 867 m

Weite Rundtour mit sensationellen Tiefblicken

Figuerola del Camp – Miramar – Lilla – Prenafeta – Coll de Coloma – Figuerola

Ausgangspunkt: Figuerola del Camp, 480 m; Zufahrt von Valls über El Pla de Santa Maria; P in den Straßen am unteren Dorfrand.
Gehzeiten: Figuerola – Miramar 1½ Std., Miramar – Lilla ½ Std., Lilla – Prenafeta 1 Std., Prenafeta – Coll de Coloma 1 Std., Coll – Figuerola ¾ Std., gesamt: 4¾ Std.
Höhenunterschied: 1. Aufstieg 240 m, 1. Abstieg 180 m, 2. Aufstieg 300 m, 2. Abstieg 300 m.
Anforderungen: Leichte Wanderung meist auf schönen Pisten; nur der Abstieg nach Lilla auf schmalem, rauem Bergpfad.
Karte: ICC 1 Alt Camp, oder ICC 16 Conca de Barberà, beide 1:50.000.
Einkehr: Keine, Wasser in Prenafeta.
Variante: Vom Coll de Coloma kann auf schmalem Gratweg noch die höchste Erhebung der Serra de Miramar, der Tossal Gros, 867 m, bestiegen werden; ¾ Std. hin und zurück.
Hinweis: Die Wanderung überquert zweimal die Serra de Miramar, wo sich fantastische Ausblicke ergeben. Dazwischen liegen weite »Transport«-wege auf schönen Feld- und Forstpisten. Eine sehr schöne Wanderung im Winterhalbjahr.

Im Aufstieg nach Miramar.

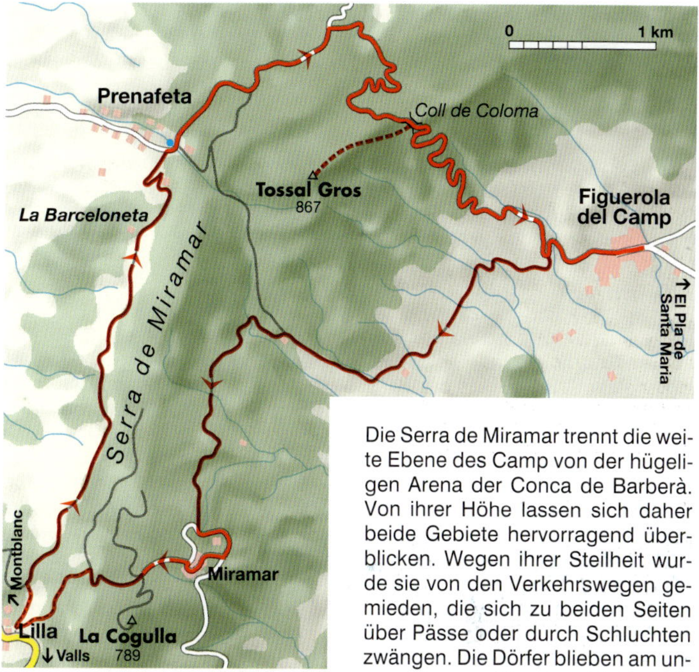

Die Serra de Miramar trennt die weite Ebene des Camp von der hügeligen Arena der Conca de Barberà. Von ihrer Höhe lassen sich daher beide Gebiete hervorragend überblicken. Wegen ihrer Steilheit wurde sie von den Verkehrswegen gemieden, die sich zu beiden Seiten über Pässe oder durch Schluchten zwängen. Die Dörfer blieben am unteren Rand, außer dem kleinen Miramar, das sich auf einem Felsenbalkon ansiedelte, von wo man – wie der Name sagt – weit bis hinaus aufs Meer schauen kann.

Wir beginnen unsere Wanderung dort, wo die Straße von El Pla de Santa Maria her das Dorf **Figuerola** erreicht: bei der Brücke am unteren Dorfrand. Eine Übersichtskarte weist hier auf die *Ruta del Cister* hin, welche die 3 Zisterzienserklöster Santes Creus, Poblet und Vallbona de les Monges verbindet. Wir gehen über die Brücke, entlang den weiß-roten GR-Zeichen leicht steigend nach links durchs Dorf, überqueren eine Straße und verlassen auch schon das Dorf auf einer Naturpiste. Nach 10 Min. erreichen wir einen ersten Wegweiser; wir wählen die linke untere Spur Richtung *Prenafeta*. Ein schöner alter Fußweg führt uns durch einen Bachgrund wieder auf eine Piste und zu einem Holzwegweiser; wir gehen links gerade Richtung *Coll de Prenafeta*. Wir folgen nun stets der deutlichsten Fahrpiste, auch wenn die weiß-roten Markierungen selten auftauchen, und lassen alle abgehenden Wege und Pisten unbeachtet. Nach einer guten halben Stunde wendet sich der Fahrweg nach rechts und läuft nun gerade aufwärts auf die Zähne der Serra zu. So stoßen wir nach insgesamt einer Dreiviertelstunde bei einem Wegweiser auf den GR-7, der von rechts herunter, von *Cabra del Camp* herkommend, zu uns stößt. Wir gehen links auf dem GR-7 Richtung *Miramar*, erst durch Steineichenwald etwas abwärts, dann über einen kleinen Gratpass und durch schönen Nadelwald. Auch hier lassen wir alle Abzweigungen unbeachtet und bleiben auf der breiten Piste. So gelangen wir zur Asphaltstraße nach Miramar; wir folgen ihr nach links, bis nach 3 Min. rechts eine Betonpiste uns in 5 Min. hinauf zum Dorf Miramar führt. Nun heißt es »mirar«, schauen und bewundern: die schmucken Häuser, die Ausblicke weit aufs Meer von den Terrassen oder von den Steinplatten beim höchsten Punkt neben der Kirche.

Der Weiterweg beginnt beim Parkplatz hinter der Kirche. Der GR-7 Richtung *Lilla* steigt auf einer rauen Piste durch mediterranen Wald in 6 Min. hinauf auf den Gratrücken, wo sich die Piste in drei teilt. Wir wählen die mittlere, die hinter einer Kette jenseits des Passes abwärts führt. Bald öffnen sich weite Blicke auf die Berge von Prades und zu deren Füßen das Städtchen Montblanc. Vorsicht! Vor lauter Staunen und In-die-Ferne-blicken verpasst man fast die Abzweigung: Gleich nach der zweiten Wendekurve der Piste geht links der GR-7 als schmaler Fußweg ab. Er führt hinaus auf einen Felsgrat und anschließend tief eingeschnitten und stark überwachsen nach links abwärts. Nach 20 Min. Abstieg erreichen wir bei einem Wasserreservoir eine Piste und dieser folgend etwas tiefer einen Wegweiser bei den obersten Häusern von **Lilla**, das jenseits der stark befahrenen Straße liegt. Wir wenden uns nach rechts Richtung Prenafeta. An einer Weggabelung nach 5 Min. wählen wir die rechte, aufwärts führende Piste. Dieser folgen wir nun unverkennbar durch aufwachsenden Wald wellig den Hang entlang. Nach 40 Min. gelangen wir zu den zerfallenden Häusern von *La Barceloneta*. Anschließend sind die Felder bestellt und links eines neuen Hauses wandern wir in 2 Serpentinen abwärts zu den obersten Häusern von **Prenafeta**, wo wir im Talgrund auf den alten und den neueren Brunnen stoßen: Zeit für eine erfrischende Rast.

Beim Wegweiser auf der anderen Seite der Bachrinne entscheiden wir uns für den längeren Weg mit dem Bike-Symbol *Figuerola 6,3 km*, der nicht rechts durch den Bachgrund, sondern geradeaus auf einer sehr steilen Piste aufwärts führt. Er ist mit weiß-roten Punkten als GR-Variante markiert. Nach einer guten Viertelstunde kommt von rechts wieder der GR-7 zu uns, und nach 20 Min. ist eine erste Höhe erreicht. Unsere Piste geht nun den Hang entlang durch Wald mit gelegentlichen Ausblicken über den oberen Teil der Conca de Barberà. Wir lassen Abzweigungen unbeachtet, orientieren uns an den weiß-roten Zeichen des GR, bis die Piste in eine Schlucht hineinführt. In deren Hintergrund teilt sich der Weg: hier verlassen wir den GR-7 wieder, der nach links Richtung *Cabra del Camp* weitergeht; wir stei-

Weite Ausblicke von Miramar über das Camp.

gen halb rechts auf dem GR-175-1 Richtung *Figuerola* weiter an. In Serpentinen geht es durch den Wald immer weiter aufwärts, an abzweigenden Fußwegen vorbei, stets den weiß-roten Punkten folgend, eine halbe Stunde lang hinauf. Manchmal können wir im Norden hinter der Conca den Montclar und weit dahinter die Kette der Pyrenäen sehen. Und dann plötzlich ändert sich die Szenerie abrupt. Wir haben den **Coll de Coloma** erreicht: atemberaubend! Nach rechts geht der schmale Gratweg zum *Tossal Gros* (Variante). Nach links läuft die Piste erst noch auf der Höhe, dann in vielen Serpentinen sanft abwärts Richtung Figuerola, das wir tief unter uns sehen. Eigentlich hat die Piste für uns Wanderer etwas zu wenig Gefälle, doch heute ist sie genau das Richtige zum Auslaufen. In ¾ Stunden ist Figuerola erreicht; vielleicht wählen wir diesmal noch den Weg über die Treppen am Dorfanfang in die oberen Dorfteile, alle Gassen führen hinunter zur Brücke, unserem Ausgangsort.

35 Selmella, 828 m

Vergangene Spuren auf verlassenen Höhen

Vallespinosa – Selmella – Castell de Saburella – Vallespinosa

Ausgangspunkt: Vallespinosa, 640 m, Zufahrt über TV-2015 oder von Pontils aus.
Gehzeiten: Vallespinosa – Selmella 1¼ Std., Selmella – Castell de Saburella 1 Std., Saburella – Vallespinosa 1 Std., gesamt: 3¼ Std.
Höhenunterschied: 320 m.

Anforderungen: Leichte Wanderung teils auf überwachsenen, unmarkierten Wegen, teils auf neueren Pisten.
Karte: ICC 16 Conca de Barberà, oder ICC 1 Alt Camp, beide 1: 50.000.
Einkehr: Keine, saisonal Restaurants in Vallespinosa.

Diese Wanderung im Grenzgebiet von Alt Camp und Conca de Barberà bietet vielfältige Eindrücke: Das in eine enge Schlucht geduckte Vallespinosa präsentiert sich als schmuckes, vollständig restauriertes Dörfchen, dessen Natursteinhäuser mit den dicken Mauern richtig alpin anmuten. Selmella dagegen liegt vollständig verlassen in wunderschöner Aussichtslage auf hoher Krete, lässt mit den Ruinen des Dorfes, der halb zerfallenen Kirche und dem darüber thronenden Schloss ehemalige Blüte erahnen. Das aus dem 13. Jh. stammende, finstere Castell de Saburella aber hat außer seinen zwei trutzigen Wehrtürmen nichts mehr zu bieten als die bevorzugte Stelle. Dafür ist die Schlucht auf dem Rückweg ein Gebiet der Rückeroberung: überall sind die kunstvoll geschichteten Mäuerchen noch zu sehen und die Terrässchen ziehen sich an den Hängen bis zu den Felsen hinauf, werden aber zunehmend von der Natur vereinnahmt, gehen im Wald regelrecht unter.

Vom einzigen kleinen Dorfplatz in **Vallespinosa** steigen wir 5 m Richtung Castell auf und biegen gleich links in die *Carrer de Sumella*. Die Gasse endet nach nicht einmal 2 Min. am oberen Dorfrand. Hier gehen wir 30 m nach links, leicht abwärts, bis eine deutliche Wegspur zur Rechten uns kurz aufwärts führt. Bald läuft sie horizontal weiter, und wir wählen wieder eine rechts aufwärts führende Spur. Diese ist stark überwachsen, lässt den Fortgang aber stets erkennen und ist selten durch orange Marken an Bäumen gekennzeichnet. Sie steigt

Burgruine von Selmella.

dann in der Falllinie steil an, bis direkt unter einer Hochspannungsleitung eine breitere Wegspur erreicht wird. Auf ihr gehen wir für ½ Min. nach links, um wieder nach rechts auf überwachsener Spur aufzusteigen. So erreichen wir ein kurzes Flachstück, an dessen Anfang wir 5 m nach rechts queren. Von hier aufwärts in bequemem Bogen nach links finden wir den Mast einer Stromleitung; bei diesem treffen wir auf einen ehemaligen Fahrweg, dem wir von nun an folgen (gut 10 Min. seit Beginn).
Die Fahrspur leitet uns etwas absteigend nach rechts ausholend durch ein Tälchen und danach ansteigend auf einen Gratrücken. Nach 8 Min. treffen wir auf eine Verzweigung; wir biegen scharf rechts ab, wo die Piste kurz horizontal verläuft, um dann über den Gratrücken anzusteigen. Wir folgen nun diesem stets unverkennbaren, angenehmen Weg in die Höhe, queren mit ihm nach links durch die Flanke und hinüber zum langen Grat neben *les Agulles*. Dort treffen wir auf eine Piste, auf der wir noch eine gute Minute nach rechts bis zu einer Aussichtsstelle ansteigen. Vor uns können wir Selmella erkennen und weit hinaus ins Camp schauen. Weiter der horizontalen Piste folgend kommen wir in ¼ Std. an den Fuß des Burghügels von **Selmella**. Hier haben wir die Qual der Wahl: erst links absteigend zur Kirche? Oder rechts aufsteigend im Bogen um den Hügel hinauf zur Burgruine? Beides lohnende Wege.
Anschließend wandern wir auf der Piste wieder ¼ Std. zurück bis zur Stelle, wo wir auf sie gestoßen sind. Diesmal bleiben wir auf ihr und gehen gerade-

Burgruine Saburella.

aus weiter. Links der Gratspitzen der *Agulles* steigt der Weg etwas an und erlaubt nun Weitblicke nach Norden und Osten, zum Montclar und nach Montserrat. Dann überschreiten wir die Grathöhe und vor uns in der Tiefe taucht die eindrückliche Burganlage von Saburella auf. Die Piste senkt sich rau und steil und trifft nach 5 Min. auf eine Kreuzung. Wir schwenken rechts ab und gehen auf dieser Piste nach rechts in die Tiefe. Nach weiteren 5 Min., unmittelbar bevor wir die Hochspannungsleitung unterschreiten würden, müssen wir links in einen älteren Fahrweg abzweigen. Er bringt uns durch eine kleine Hochebene hinunter zum Pass vor dem Burghügel; halb zerfallene Viehpferche und ein Autowrack zieren die Stelle. Bevor wir von hier weitergehen, können wir noch die Burgruine **Saburella** besichtigen. Wir gehen dazu 30 m auf der Piste zur Burg und finden dort steil aufsteigende Wegspuren (weiße Markierung). Nach knapp 2 Min. treffen wir auf ein Geländeband, auf dem wir uns links halten und so im Bogen gegen den Ostturm aufsteigen können. Durchs Eingangstor betreten wir die verfallene Burganlage, können (vorsichtig!) über Mauerreste den Ostturm erklettern oder auf einem Weglein zum Westturm wechseln. Viel gibt es nicht mehr zu sehen, die ehemalige Schlosskapelle ist zerfallen und überwachsen, doch immer noch beeindruckt der weite Blick im Westen übers Land.

Vallespinosa.

Dann kehren wir zum Pass vor dem Burghügel zurück. Dort führt eine Piste Richtung Nordosten in die Tiefe, die sich bald in einen schönen alten Weg verwandelt, auf dem wir abwärts schreiten. Nach gut 10 Min. treffen wir auf eine Fahrpiste und gehen auf ihr nach links gegen die Schlucht hin. Nach weiteren 3 Minuten – noch bevor wir den Bachgrund ganz erreicht haben – biegen wir links in eine überwachsene Fahrspur ab. Sie wird uns bis nach Vallespinosa zurückführen. Nach gut 10 Min. überquert sie den Bach und steigt auf der anderen Talseite an. Wir wandern durch schöne Natur der Flanke entlang, vorbei an den Ruinen der ehemaligen Mühle. Dann wechselt das Sträßchen nochmals die Bachseite und bringt uns in einer guten Stunde von Saburella zum Ausgangsort.

36 Montclar, 948 m

Einsame Wege zur Bergkirche Sant Miquel de Montclar

Biure de Gaià – Flussübergang – Montclar – Biure de Gaià

Ausgangspunkt: Biure de Gaià, 630 m; Biure liegt südlich von Santa Coloma de Queralt und ist auf üblichen Straßenkarten nicht eingezeichnet; Zufahrt über die C-241/ TV-2014 oder Abzweigung an der T-201 nördlich Pontils.
Gehzeiten: Biure de Gaià– Flussübergang 40 Min., Flussübergang – Sant Miquel de Montclar 1½ Std., zum Gipfel und zurück 20 Min., Sant Miquel – Biure de Gaià 1 Std.; Gesamtzeit: 3½ Std.
Höhenunterschied: 380 m.
Anforderungen: Meist Pisten, am Montclar schmaler Bergweg, stellenweise leicht ausgesetzt.
Karte: ICC 16 Conca de Barberà, 1:50.000.
Einkehr: Keine.
Hinweis: Wenn der Torrent de Biure zu viel Wasser führt und nicht überschritten werden kann: Mit dem Auto von Pontils 3,4 km Richtung Vallespinosa fahren zu einer Stelle, wo sich die Straße leicht senkt und rechts eine Piste weggeht: zu Fuß dieser Piste folgen, auf einem Sattel queren und nach rechts; am Ende der Piste unverkennbarer Weg hinauf zu Sant Miquel (55 Min.); auf dem gleichen Weg zurück.
Tipp: Das kleine Biure hat ein überraschend schönes Schloss und am Fluss die Font de Biure mit Grillstellen.

Der abgeschiedene Montclar ist aus dem gleichen Konglomeratgestein gebildet wie der berühmtere Montserrat, tritt bescheidener, aber kaum weniger schön auf. Von seinem kargen Felsgrat schaut die eindrückliche Ermita de Sant Miquel de Montclar weit nach Norden. Unsere Rundwanderung

Sant Miquel de Montclar.

vom schönen Biure aus geht zuerst talabwärts bis zur Stelle, wo sich (meist) der Fluss überqueren lässt, dann durch Felder und Wälder in die Höhe und durch die felsige Flanke zur Bergkirche und zum Gipfel. Dann wandern wir von der Ermità wieder nach Biure hinunter. Auf dem ganzen Weg kommen wir an keinem einzigen Haus vorbei.

Wir beginnen die Wanderung beim Wegweiser auf der Nordseite des Dörfchens **Biure de Gaià**, wo der PR-C-21 Richtung *Pontils* führt. Auf dem kaum befahrenen Sträßchen wandern wir – den weiß-gelben Markierungen folgend – durch das Tal des Torrent de Biure abwärts; eine Abzweigung lassen wir links liegen und gehen bei einer Kreuzung mit der Piste nach rechts. Nach einer guten halben Stunde öffnet sich zur Rechten ein Seitental und wir können zum Montclar hinaufschauen; dann wendet sich die Straße mit den weiß-gelben Markierungen vom Bach weg und beginnt zu steigen. (Wenn man nicht sicher ist, ob der Torrent zu viel Wasser führt, kann man bis hier mit dem Fahrzeug fahren und die Wanderung hier beginnen, siehe Hinweis.) Nun verlassen wir den PR und gehen auf einer Naturpiste zum Fluss hinunter, den wir überqueren. Jenseits folgen wir noch 200 m der Piste rechts des Flusses weiter flussabwärts, bis eine Piste nach rechts weggeht. Diese Piste schlagen wir ein; nach 3 Min. führt sie an einer kleinen Hütte vorbei, dann durch die Felder und steigt durch die linke Flanke. Bei einer Verzweigung gehen wir (gerade) rechts, dann auf dem Fahrweg durch eine Feldwiese in den Talgrund hinein. Dort steigt der Weg gleich wieder steil zur Linken an. Wir folgen stets den Fahrspuren auf der linken Talseite aufwärts, bis wir – eine gute Stunde seit der Flussüberquerung – auf die Höhe kommen, wo von links eine deutliche Piste zu uns stößt. Hier wenden wir uns nach rechts und steigen auf dem unverkennbaren Weg durch die Felsen hinauf zur Ermita de **Sant Miquel de Montclar** (hervorragende Aussicht!).

Von der Kirche steigen wir auf dem Gratweglein auch noch zum Gipfel auf, um die Ausblicke nach Westen zu bewundern. Wieder zurück bei der Ermita finden wir den Weiterweg gleich neben den Ruinen eines Turms: Wir gehen nordwärts über den Grat (weiß-blaue, dann weiß-gelbe Markierungen), bis dieser stark abfällt. Dort geht ein jetzt gut weiß-gelb gezeichneter Pfad links vom Grat steil in die Tiefe zu einem Wald und einer Piste. Diese führt uns nach rechts entlang den weiß-gelben Markierungen hinunter nach **Biure**.

37 Serra de Miralles, 866 m

Von Santa Maria de Miralles über den Gipfel zum Castell de Queralt – weite Höhen und Wälder

Ca l'Escolá – Grony de Miralles – Castell de Queralt – Les Colomines – Ca l'Escolá

Ausgangspunkt: Santa Maria de Miralles, Ca l'Escolá, 550 m, Km 52,9 an der C-37(B-213).
Gehzeiten: Ca l'Escolá – Grony de Miralles 1½ Std., (evtl. Besteigung der Agulla Grossa, plus 20 Min.), Grony de Miralles – Castell de Queralt 1 Std., (Besteigung des Castell, plus 20 Min.), Castell de Queralt – Les Colomines 1 Std., Les Colomines – Ca l'Escolá 1 Std.; Gesamtzeit: 4½ Std. (plus 40 Min.).

Höhenunterschied: 320 m.
Anforderungen: Leichte Wanderung fast durchgehend auf guten Wegen und Pisten.
Karte: ICC 6 Anoia, 1:50.000.
Einkehr: Keine.
Variationsmöglichkeit: Vom Einschnitt zwischen Grony de Miralles und l'Agulla Grossa auf einer Piste direkt zum Weiler Les Colomines absteigen; verkürzt die Wanderung um 1½ Std.

Diese schöne Wanderung im abgelegenen Niemandsland führt uns aus dem Tal hinauf zum Doppelgipfel der Serra de Miralles. Anschließend wandern wir entlang den ausgedehnten Getreidefeldern, die auf der Höhe des Bergrückens angelegt sind, und blicken weit übers Land. Kirche und Schloss Castell de Queralt lassen alte Pracht erahnen, bevor wir durch weite einsame Wälder wieder ins Tal wandern. Auf dem Rückweg besuchen wir noch eine wunderbare Quelle.

Von der **Ca l'Escolá** steigen wir auf einem Asphaltsträßchen in einer Viertelstunde zu Burg und Kirche *Santa Maria de Miralles* auf. Für den Weiterweg gehen wir beim Haus unterhalb der Kirche horizontal gegen den Wald, wo ein deutlicher Fußweg beginnt, der etwas später auch rot markiert ist. (Wir können auch links der Kirche auf Pfadspuren kletternd abenteuerlich zu den Ruinen des Castells aufsteigen, den Burghügel überschreiten und zum Weiterweg absteigen.) Dieser läuft um den Burghügel herum und der Stirn-

Aus weitem Tal (Vall de Miralles) hinauf ...

seite eines Feldes nach, dann als Piste durch Wald. Wir erreichen einen Sattel, über den eine Hochspannungsleitung verläuft. Wir queren das Feld, das auf diesem Sattel liegt und finden jenseits zwei Pisten; wir nehmen die obere nach links und gehen damit auf dem GR-172. Er führt uns nach gut 5 Min. zum Bachgrund eines Tälchens. Hier zweigen wir mit den weiß-roten Farbmarkierungen nach rechts ab auf einen Bergweg. Durch Pinienwald unter einem Felsenrund steigen wir nun stets aufwärts, queren eine Grathöhe und gehen auf schönem Waldweg weiter aufwärts. Schließlich stößt von links eine alte Piste zu uns, mit der wir weiter steigen, bis wir nach insgesamt 1¼ Stunden die Höhe bei einer Wegkreuzung erreicht haben. Bevor wir hier mit dem GR auf der breiten Piste halb rechts weiterwandern, wollen wir noch die höchste Stelle besteigen. Wir gehen auf der Piste nach links und erreichen 3 Min. später den Passübergang zwischen den beiden Gipfeln. Der höhere ist der **Grony de Miralles** zu unserer Rechten. Ein Pfad leitet zwischen einer Hausruine und einem steinernen Pferch in die Höhe und in knapp 10 Min. zum höchsten Punkt, wo uns schöne Tiefblicke erwarten. Zurück auf dem Pass können wir der Versuchung nicht widerstehen, auch noch die *Agulla Grossa* auf der anderen Seite zu besteigen, die mit ihrem messerscharfen Grat fast noch eindrücklicher ist. Anschließend kehren wir zum Pass und zur Wegkreuzung, wo wir die Höhe erreicht haben, zurück. Jetzt folgen wir der breiten Piste knapp 5 Min. weit und biegen dann mit

dem GR (hier schwach markiert) nach links in einen etwas zugewachsenen Weg ein. Nach einer kleinen Waldpartie kommen wir wieder zu einem Feld und finden zur Rechten eine Piste, die wir geradeaus weiter verfolgen. Die Piste führt uns auf eine Grathöhe, wo wir das Tal im Norden überschauen können. An dieser Stelle müssen wir steil ins Tälchen zu unserer Linken absteigen und dort weitergehen. Beim nächsten Feld läuft der Weg linksseitig weiter. So erreichen wir schließlich den Platz zwischen der restaurierten Kirche *Ermita de Sant Jaume* und dem Hügel mit den Ruinen des **Castell de Queralt**. Um zu diesem hinauf zu gelangen, steigen wir erst kurz gerade auf das Castell zu, dann auf einem überwachsenen Pfad nach rechts auf den Grat rechts vom Castell und von dort ganz hinauf. Es erwartet uns eine hervorragende Aussicht!
Zurück beim Platz wandern wir nun auf der Naturstraße 5 Min. abwärts. Wir schlagen die erste deutliche Piste, die nach links führt und mit einem weißen und roten Punkt als GR-Variante gekennzeichnet ist, ein und gehen in horizontaler Linie durch den Wald. Nach weiteren knapp 7 Min. geht diese GR-Variante nach rechts abwärts, wir aber bleiben weiter geradeaus auf der schönen Piste. Auch 5 Min. später bleiben wir auf der deutlicheren Piste. Dann – etwa 40 Min. ab dem Castell – treffen wir auf eine deutliche Piste (Steinmann und blauer Pfeil nach links); sie würde hinauf zum Pass zwischen den Gipfeln führen. Hier wenden wir uns nach rechts und wandern auf der Piste abwärts. Wir bleiben stets auf der Piste, die uns zuletzt über rotbraune Erde zum verlassenen Weiler **Les Colomines** führt.
Wir gehen zwischen den Häusern durch und gleich danach links auf der Feldstraße weiter. 2 Min. später bleiben wir geradeaus auf der unteren der beiden Feldstraßen, die dem Waldrand nach führt (nicht nach rechts zur Asphaltstraße). Nach einem aufwändig renovierten Gehöft läuft der Weg allmählich in den Wald hinein, steigt etwas an und führt unter einer Hochspannungsleitung durch. Jetzt aufgepasst: Bei der nächsten Wegverzweigung, wo unser Weg mit einer Kette abgesperrt ist, machen wir eine scharfe Wendung nach links, gehen 20 m auf der höheren Piste gleichsam zurück, bis diese sich wieder wendet und über einen kleinen Waldpass zu einem Feld führt. Am Ende des Feldes gehen wir links auf einer Piste abwärts zu einem Bachgrund. Noch bevor wir diesen ganz erreicht haben, finden wir rechts ein gelb-markiertes Weglein, das uns wenige Schritte hinunter zum *Balç de Fontanilles* führt, einer magisch-schönen Quelle unter einem Wasserfall, einem lauschigen Rastplatz.
Wieder aufgestiegen überschreiten wir nun den Bach und wandern auf der Piste weiter. Nach einer Viertelstunde wenden wir uns auf einem Waldpässchen nach links abwärts (in Richtung des von hier sichtbaren Castell de Miralles) und folgen der Piste durch einen Bachgrund und stets geradeaus zum Haus *Can Puça* und so zur Straße. Auf dieser kehren wir in gut 5 Min. nach *Ca l'Escolá* zurück.

... auf aussichtsreiche Höhen: Castell de Queralt.

38 Von Santes Creus zu den »Pedra seca« von La Capona

Leichte Flachwanderung durch Mandelplantagen

Santes Creus – La Capona – Pedra seca und zurück

Das Trockensteinhaus Barraca de Cal Angé.

Ausgangspunkt: Santes Creus, 295 m; ÖV: werktags Busverbindung von Valls.
Gehzeiten: Santes Creus – La Capona 1 Std., Rundwanderung Pedra seca 1 Std., Rückweg 1 Std., Gesamtzeit 3 Std.
Höhenunterschied: 70 m.
Anforderungen: Leichte Flachwanderung zumeist auf Fahrwegen.
Karte: ICC 1 Alt Camp, 1:50.000.
Einkehr: Keine, Bars und Restaurants in Santes Creus.
Tipp: Vor oder nach der Wanderung lohnt ein Besuch des Klosters von Santes Creus.

Die weite, trockene und steinreiche Ebene El Pla de Santa Maria wurde seit Jahrhunderten durch das Zusammentragen der Steine landwirtschaftlich nutzbar gemacht: Meterdicke, lange Mauern schützen den Boden vor austrocknenden Winden und gekonnt wurden Trockensteinhäuser geschichtet. Sie waren wohl kaum ganzjährig bewohnt, gewährten aber während der

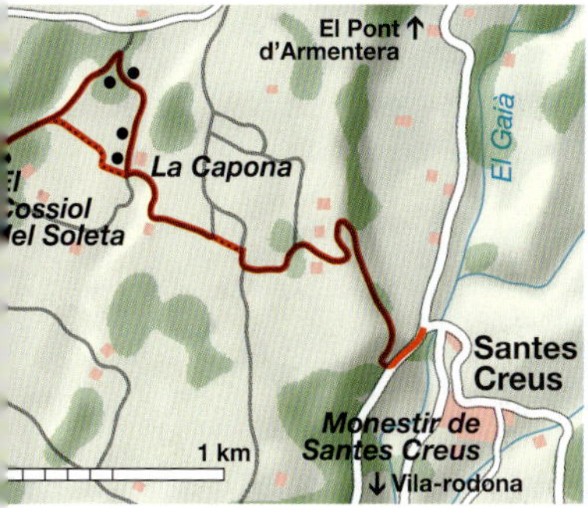

Feldarbeit und in der Weidezeit durchaus komfortablen Unterschlupf. Seit Jahrzehnten verlassen und überwachsen, sind sie nun in den letzten Jahren von den Freunden der *Pedra seca* neu zugänglich gemacht worden. Auf unserer Wanderung erhalten wir einen Einblick in den typischen Vegetationscharakter der Ebene, in der sich Plantagen und Waldstücke abwechseln.

Die Wanderung folgt dem GR 175 *La Ruta del Cister*. Sie beginnt bei der Straßenbrücke in **Santes Creus** über den Fluss *El Gaià*. Wir folgen rund 400 m der Straße Richtung *Vila-rodona* nach Süden, bis rechts eine Piste abgeht (Hinweisschild, weiß-rote Markierung). Auf dieser erreichen wir nach 10-minütigem Aufstieg die weite Ebene *Planes de Santes Creus*. Bei der Weggabelung halten wir nach links, bis nach 150 m ein Sträßchen an einem Gehöft vorbei in die Ebene hineinführt. Immer den Markierungen folgend wandern wir durch kleine Waldpartien und Mandelplantagen zum verfallenen Gehöft **La Capona**.

Hier beginnt die Rundwanderung zu den **Pedra seca**, den Trockensteinbauten. Wir folgen beim Holzwegweiser weiter dem GR. Eine wunderschöne Mandelallee leitet zu einem Wald, vor dem rechts ein Fußweg abgeht. Dieser bringt uns sogleich zur *Barraca de Cal Angé*, einem prachtvollen Beispiel: feigenbaumbeschatteter Eingang, Sitzgelegenheiten und Feuernebenhöhle im Inneren. Wir wandern weiter dem Fußweg nach, von dem aus wir bei den Hinweistafeln mächtige Mauern und weitere Steinhäuser besichtigen können.

Nach 7 Minuten mündet unser Fußweg in ein Waldsträßchen. Rechts führt unser späterer Weiterweg, doch vorerst gehen wir links weiter dem GR nach und erreichen nach 5 Minuten *El Cossiol del Soleta*. Das hier stehende Steinhaus beherbergt eine Wasserstelle mit zwei Zugängen. Die hintere Öffnung zum Feld hin diente den Tieren als Tränke, während die seitliche den Bauern und Hirten vorbehalten war.

Wir wandern nun auf dem gleichen Weg zurück und gehen diesmal beim Fußweg geradeaus auf dem Sträßchen weiter. Auch bei der nächsten Straßengabelung folgen wir noch den hölzernen Hinweistafeln geradeaus, bis wir eine etwas breitere Waldstraße erreichen, in die wir rechts einbiegen. Sie führt uns an weiteren interessanten Steinbauten, an einem Ziehbrunnen (*pou*) und den *Arneres* (steingeschichteten Bienenkästen) vorbei zurück nach **La Capona**.

Auf demselben Weg gehen wir zurück nach **Santes Creus**.

39 Montagut, 964 m

Verlassene Höfe – weite Höhen – aussichtsreicher Gipfel

Les Ordes – Sant Jaume – Montagut – Cal Requesens – Les Ordes

Ausgangspunkt: Km 4 an der TV-2142, die bei El Pont d'Armentera Richtung Les Ordes führt, 540 m.
Gehzeiten: Les Ordes – Sant Jaume 2 Std., Sant Jaume – Montagut ¼ Std., Montagut – Cal Requesens 1¼ Std., Cal Requesens – Les Ordes ½ Std.; Gesamtzeit: 4 Std.
Höhenunterschied: 424 m.
Anforderungen: Gut begehbare Bergwege und Pisten.
Karte: ICC 1 Alt Camp, 1:50.000.
Einkehr: Keine.

Der Montagut ist nur der zweithöchste Gipfel am Oberlauf des Riu Gaià, gewiss aber der aussichtsreichste. Unsere einsame Wanderung führt uns von den Plantagen von Les Ordes auf die Schultern des Montagut, zur Burgkirche Sant Jaume und auf den bewaldeten Gipfel. Auf kaum befahrenen Naturpisten wandern wir dann in weitem Bogen wieder zurück.
Von Km 4 starten wir knapp 3 Min. auf der Straße aufwärts und schwenken in die erste Abzweigung nach rechts ein. Wir gehen zunächst horizontal, dann abwärts einen Rebberg entlang. An dessen unterem Ende halten wir uns links durch ein Tal und gelangen zu einem auffällig gelb verputzten Haus (10 Min. bisher). Hier treffen wir auf den GR 172 (bzw. GR-7-2), dem

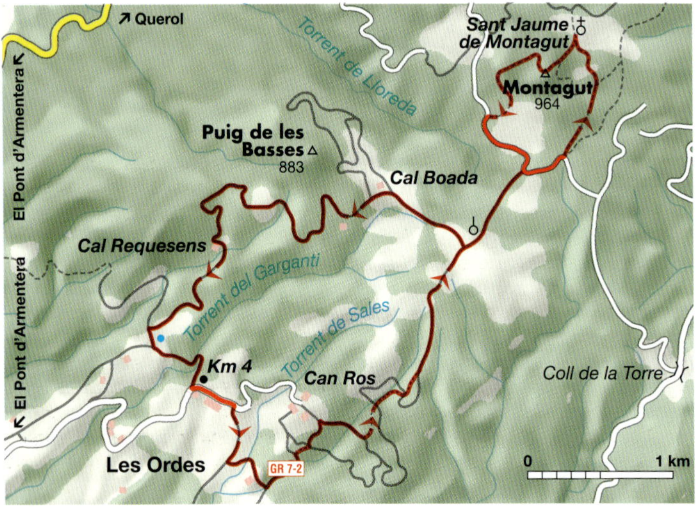

wir nun bis Sant Jaume folgen: Wir steigen auf dem rauen Bergweg entlang den weiß-roten Markierungen bis *Can Ros*. Von dort wandern wir auf breiter Piste eine Viertelstunde höher, wo wieder der Fußweg beginnt. Nach einer guten Stunde wird das Gelände flacher. Vor uns sehen wir einen Sendemast, an dem wir vorbeiwandern bis zu einer kaum befahrenen Straße. In diese biegen wir rechts ein, bis nach 5 Min. deutlich markiert der GR-Weg wieder aufwärts abgeht. Auf schmalem Pfad wandern wir nun um den Gipfel herum auf die Rückseite zur Kirche von **Sant Jaume de Montagut**.

Sant Jaume de Montagut.

Für den Weiterweg gehen wir zunächst auf dem gleichen Weg, auf dem wir gekommen sind, über das Wiesenland zurück bis zum Waldbeginn. Von dort steigen wir bei einem Steinmännchen auf Pfadspuren in der Falllinie in 10 Min. hinauf zum Gipfel des **Montagut**. Wir erreichen diesen bei ein paar Felsen und gehen über die Höhe südwärts zum Hauptgipfel mit der Geosäule und dem Pessebre.
Weiter südwärts absteigend erreichen wir nach 1 Min. den Feuerbeobachtungsposten bei den Antennenanlagen. Wir wandern auf der Piste hinunter bis zur Straße, der wir 500 m weit nach links folgen, wo wir auf unseren Aufstiegsweg stoßen. Auf diesem geht es zurück bis 1 Min. nach dem Sendemast, dort verlassen wir ihn und biegen auf der breiten Piste nach rechts ab. Wir kommen nach knapp 10 Min. zu den Ruinen von *Cal Boada* und wählen die linke Piste. Wir bleiben auch bei der nächsten Gabelung auf dem linken Fahrweg, der zypressengesäumt zu einem renovierten Haus führt. Bevor wir dieses erreichen, geht die deutliche Piste nach rechts und eröffnet bald immer großartigere Tiefblicke. Dann wird die Piste älter und überwachsener, bereitet aber keine Probleme. Eine alte Fahrspur nach links lassen wir unbeachtet, gehen weiter, bis wir zu einer Kette kommen, hinter der wir unter uns die Ruinen eines großen Hofes sehen und noch tiefer das Dorf *El Pont d'Armentera*. Hier treffen wir auf eine neue breite Piste und gehen auf ihr abwärts zu den Ruinen von **Cal Requesens**, von wo die Piste horizontal weiterläuft. Wir bleiben stets auf der Piste, bis wir nach etwa 20 Min. bei einer Wasserfassung und nach einem Steintisch im Wald vor eine alte, ebene Mandelplantage kommen. Hier gehen wir links über eine horizontale Piste in 10 Min. zur Straße, die wir kurz unterhalb von Km 4 erreichen.

40 Montmell, 862 m

Zwischen Himmel und Meer

La Juncosa del Montmell – Collet del Montmell – Sant Miquel – Castell del Montmell – La Talaia del Montmell – Collet del Montmell – La Juncosa

Ausgangspunkt: La Juncosa del Montmell, 444 m.
Gehzeiten: Aufstieg 1 Std. 40 Min., Abstieg 1 Std. 20 Min., Gesamtzeit 3 Std.
Höhenunterschied: 415 m.
Anforderungen: Bergwanderung, ein Stück im Aufstieg sehr steil.
Karte: ICC 12 Baix Penedès, 1: 50.000.
Einkehr: Bar in La Juncosa del Montmell.

Der Montmell ist einer der bedeutenden Gebirgszüge in Meeresnähe. Von seinem Gipfel lassen sich weite Teile der nördlichen Costa Daurada überblicken. Die vielen Pessebres auf seinem Gipfel zeugen davon, dass man sich hier auch dem Himmel näher als anderswo fühlen kann. Der Montmell ist ein karstiger, rauer Berg, der Anstieg auf seine Höhe von allen Seiten steil. Unsere Wanderung führt uns an der beeindruckenden Kirchenanlage von Sant Miquel vorbei zum höchsten Punkt, jenseits hinunter und auf angenehmen Waldwegen zurück zum Ausgangspunkt.

Von der *Plaça de Dalt* auf der Nordseite von **La Juncosa** gehen wir zur Kirche, die dem Dorf nordwestlich vorgelagert ist und auf Pfadspuren in der Falllinie den Abhang hinauf. Nach 10 Min. erreichen wir eine breite Forststraße, der wir nach rechts aufwärts folgen. Wir können vor uns Stationen unseres Wegs sehen: die breite *Esglesia nova* im Wald, darüber an den Fels geklebt die Kirche *Sant Miquel* und noch höher auf den Vorgipfeln die Burgruine *Castell* und rechts das riesige Steinkreuz. Nach ¼ Std. wählen wir bei einer Verzweigung die linke, aufwärts führende Straße. 300 m weiter, vor der nächsten Wendekurve der Straße, beginnt rechts eine deutliche Fußabkürzung. Stets steil aufwärts, zweimal die Straße überquerend, gelangen wir zu einem Brunnen (*Font*). Von hier quert unser Weglein rechts aufwärts den Wald und wir erreichen die *Esglesia nova* und die Straße. Wir folgen dieser 100 m weit aufwärts, bis bei der ersten Biegung rechts wieder ein Fußweg abgeht. Dieser führt uns nach 5 Min. zur Passhöhe des **Collet del Montmell**. Wir orientieren uns weiter nach rechts – bald beginnt der steile, schmale Anstieg hinauf zur Einsiedelei von **Sant Miquel**. Mit dem Dach an den Fels »geklebt«, ist der romanischen Kapelle eine Terrasse vorgebaut, die zur Rast lädt.

Montmell.

Seitlich der Kirche weist ein Wegweiser den Weiterweg: immer den schwarzen Markierungen folgend steigen wir steil auf und müssen gelegentlich unsere Hände zu Hilfe nehmen, um Felsplatten zu traversieren. So gelangen wir nach gut 5 Min. zum *Collet del Castelot*. Wir gehen zuerst links hinauf zur Ruine **Castell del Montmell**, zurück auf dem Collet nehmen wir dann die andere Wegspur, die uns steil hinauf zum Steinkreuz führt.

Wir folgen immer auf schmalem Pfad dem Grat des Montmell und gelangen nach 30 Min. zum Gipfel **La Talaia del Montmell**: eine Vermessungssäule, viele Krippendarstellungen, ein Gipfelbuch und ein Wegweiser zieren die höchste Stelle. Nach der Rast gehen wir weiter auf dem Grat, der sich nun leicht nach rechts stark absenkt. Nach 5-minütigem Abstieg weitet sich der Grat zu einem breiteren Rücken und der Pfad gabelt sich (kleiner Steinmann). Wir wählen die linke Spur, die vom Grat weg links durch die Flanke abwärts führt. Spärliche grüne Markierungen lassen uns wissen, dass wir auf dem richtigen Weg sind. Es geht anfangs steil durch karstige Felsen abwärts und anschließend in den Wald. Der Weg ist teilweise etwas überwachsen, aber stets unverkennbar, gelegentlich auch blau markiert. Nach insgesamt 20 Min. Abstieg treffen wir auf einen deutlichen Querweg (markanter aufgestellter Felsblock, kleiner Steinmann). Hier wenden wir uns nach links; der angenehme Waldweg führt uns mit wenigen schwachen Steigungen in 20 Min. zurück zum **Collet del Montmell**, wo wir auf unseren Aufstiegsweg treffen. Auf der Fahrpiste oder durch die bekannten Abkürzungen wandern wir zurück nach **La Juncosa**.

41 La Mola de la Pobla de Montornès, 317 m

»El millor mirador de la Costa Daurada!«

La Pobla de Montornès – La Mola und zurück

Ausgangspunkt: Bahnunterführung am Nordende von La Pobla de Montornès, 63 m.
Gehzeiten: Aufstieg 1½ Std., Abstieg 1 Std., gesamt 2½ Std.
Höhenunterschied: 250 m.
Anforderungen: Bergwanderung auf rauen Fußwegen und Forstpisten.
Karte: ICC 36 Tarragonès, 1:50.000.
Einkehr: Bars und Restaurants in La Pobla de Montornès.
Tipp: Kombination mit Tour 43 *Els Muntanyans*.

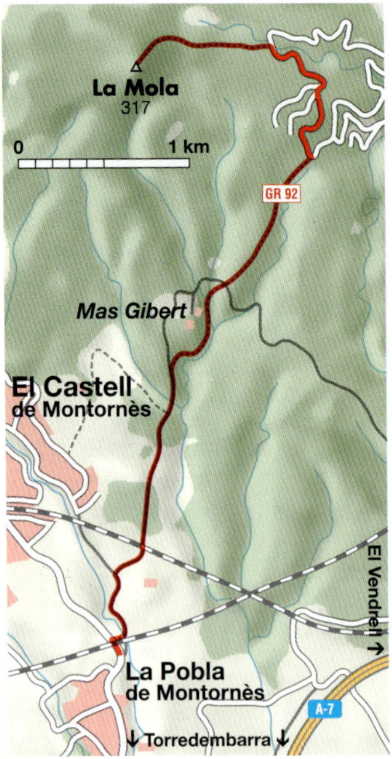

Die Mola de la Pobla de Montornès ist ein unscheinbarer Hügel, verdient ihren Ruf als schönster Aussichtspunkt der Costa Daurada aber zu vollem Recht: An klaren Tagen reicht die Rundsicht vom Garraf im Nordosten über das weite Camp de Tarragona bis hinunter zum Montsià unterhalb des Ebrodeltas, umfasst also praktisch die ganze Costa Daurada. Überdies ist der Zugangsweg zur Mola überraschend schön, sodass sich die Wanderung doppelt lohnt.

Wir beginnen am Nordende des Dorfes **La Pobla de Montornès**, indem wir den neuen Bahndamm auf der Straße unterqueren und gleich nach der Unterführung nach rechts – ostwärts – abgehen. Durch ein paar Olivenbäume und dann über ein Sträßchen erreichen wir nach 150 m einen Bachgraben, in dem nach links – wieder nordwärts – ein Weg beginnt. Diesem folgend sehen wir bald eine erste weiß-rote Markierung des GR-92, auf dem wir uns jetzt befinden. Der Weg verläuft in einem tiefen Graben mit wunderschön geschichteten Trockensteinmauern zur Seite, um dann nach 5 Min. rechts anzusteigen. In weiteren 5 Min. erreichen wir so eine Brücke über die Eisenbahnlinie. Von hier leitet der Weg jetzt unverkennbar geradeaus weiter, zuerst als rauer Fahrweg nur leicht steigend, dann eben. Nach einer kleinen

Rundsicht von La Mola de la Pobla de Montornès.

Elektrizitätsstation verengt er sich zum schmalen Fußweg und führt durch Niederwuchs stets nur schwach steigend in großem Bogen rechts unter dem riesigen verlassenen *Mas Gibert* durch. Das Weglein führt weiterhin leicht steigend durch Wald an einem alten *pou* (Brunnenloch) und an einer halb eingestürzten *Pedra seca* (Trockensteinhütte) vorbei. Die schöne Anlage des Wegs lässt erkennen, dass wir auf dem ehemals ausgebauten Verbindungsweg von La Pobla de Montornès nach Bonastre gehen. Nach einer Stunde erreichen wir bei einem Wegweiser einen Grat und eine Forstpiste. Hier verlassen wir den GR 92 und steigen links auf der Piste an. So erreichen wir nach 5 Min. erneut einen Grat, gehen wieder links, stoßen nach weiteren 5 Min. wieder auf einen Grat und zweigen wieder nach links: Wir »schleichen« den Gipfel gleichsam von hinten an. Auf der Piste, die nun geradewegs über den Grat südwärts führt, erreichen wir nach ¼ Std. mühelos den Gipfel **La Mola**. Und tatsächlich: da liegt sie uns zu Füßen, die weite Costa Daurada!

Als Rückweg wählen wir die gleiche Route wie beim Aufstieg.

42 Punta de la Móra, 34 m

Spaziergang in heiler Uferwelt

Platja Llarga – Punta de la Creueta – Punta de la Móra – und zurück

Ausgangspunkt: Parkplatz bei Platja Llarga, hierher Bus von Tarragona oder Zufahrt von N-340 ca. 2 km östlich der Stadtgrenze von Tarragona, Schilder Platja Llarga.
Gehzeiten: Platja Llarga – Punta de la Creueta 25 Min., Punta de la Creueta – Punta de la Móra 35 Min., Rückweg identisch; gesamt 2 Std.
Höhenunterschied: 30 m.
Anforderungen: Bequeme Wanderung am Strand und auf schattigen Waldwegen.
Karte: ICC 36 Tarragonès, 1:50.000.
Einkehr: Restaurants bei Platja Llarga.
Hinweise: Zu allen Jahreszeiten angenehm, aber nicht bei sehr stürmischem Wellengang.
Tipp: Im Sommer ist die Bucht Cala Fonda ideal für Nacktbadende.

Nicht wie durch ein Wunder, sondern ganz einfach weil der Besitzer sein Land partout nicht verkaufen wollte, hat die Küste hier ihre Ursprünglichkeit bewahrt und zeigt ihr Aussehen wie vor Hunderten von Jahren. Geformt von Wasser, Wind und Wellen stehen steile ockergelbe Felsen über idyllischen Buchten, tragen auf ihren Rücken Felder und eine reichhaltige Vegetation mit uralten Pinien und gar Zedern, bieten am Ufer zernagte salzkrustige Felsplatten voller Höhlen für die Meeresfauna. Unsere Wanderung führt in ihrer ersten Hälfte der Platja Llarga entlang, die ihrem Namen alle Ehre macht. Dann folgen wir der Steilküste über zwei wunderschöne Buchten hinweg bis zum Turm der Punta de la Móra. Er stammt aus dem 16. Jh. und kann nicht besichtigt werden. Da auch die Landspitze um ihn herum eingezäunt ist, werden wir auch um den Ausblick betrogen. Dafür entschädigt uns die reichhaltige Natur auf dem Rückweg noch einmal.
Die Route beginnt beim großen Parkplatz der **Platja Llarga**. Wir folgen ostwärts dem flachen unbebauten Strand bis an dessen Ende. Wir wechseln auf die Felsen der **Punta de la Creueta**. Je nach Lust bleiben wir zunächst noch in Küstennähe auf den Felsen oder finden gleich halb links den deutlichen Weg durch den reichhaltigen Dünenwald. Nach einer guten halben

Stunde passieren wir hoch über der *Cala Fonda*, einer idyllischen Bucht zwischen den goldenen Steilwänden; zwei Fußwege vermitteln den Zugang. Unser Weg bleibt in der Höhe und senkt sich dann zu einer 2. Bucht, der *Platja de Calabecs*. Wir können auf dem schönen Waldweg bleiben oder uns in die Bucht begeben und den Weiterweg über die Uferplatten suchen. Wir sollten dabei die Linie, die von weißen kleinen Betonpfosten entlang dem Ufer markiert ist, nicht meerwärts überschreiten; einerseits um uns nicht auf unterspülten Platten in Gefahr zu begeben, aber auch um das feine ökologische Gleichgewicht der Uferlebewesen nicht zu stören. Die Wege zum Turm auf der **Punta de la Móra** sind nicht eindeutig festgelegt; wir folgen einfach den uns gut dünkenden Pfaden. Vor dem Turm ist das Ziel erreicht und wir kehren auf der gleichen Route wieder zurück.

Den Turm auf der Punta de la Móra vor Augen ...

43 Els Muntanyans

Spaziergang in naturgeschützter Dünenwelt

Cal Freu – Estany del Saler und zurück

Einmaliges Erlebnis: die Dünenwelt Els Muntanyans.

Ausgangspunkt: Cal Freu (Centre d'Informacio) bei der Straßenüberführung am Nordostende von Torredembarra (Zug und Bus Tarragona – Barcelona), 5 m.
Gehzeit: 1½ Std.
Höhenunterschied: Unbedeutend.
Anforderungen: Flachwanderung durch Dünensand am Strand und auf Wegen im Naturschutzgebiet, die teilweise mit Holzrosten versehen sind.
Karte: ICC 36 Tarragonès, 1:50.000.
Einkehr: Keine, Bars und Restaurants in Torredembarra.
Variationsmöglichkeit: Den Strand entlang weiterwandern bis Creixell.
Hinweise: Die ganze Wanderung verläuft im Naturschutzgebiet und verlangt entsprechende Rücksicht; frühmorgens ist die empfehlenswerteste Zeit.
Tipp: Viele nützliche Informationen unter www.geocities.com/cal_freu (auch auf deutsch).

Das Naturschutzgebiet Els Muntanyans de Torredembarra zeigt die außergewöhnlichen Lebensräume am ursprünglichen Flachufer: Dünen (*muntanyans*), Lagunen (*salats*) und Schilffelder (*solsonars*). Seit 1992 von der Naturschutzgesellschaft GEPEC aufwändig gepflegt, konnte sich auf einem 2,2 km langen Uferstreifen zwischen Eisenbahngleisen und Meer ein maritim-terrestrisches Grenzgebiet erhalten und wieder bilden, das einmalig ist und einer kleinen, aber sehr speziellen Pflanzen- und Tierwelt Lebensraum bietet.
Wir beginnen unsere Wanderung bei den Auffahrten zur Bahnüberführung am Ende der Asphaltstraße, die von **Torredembarra** den Gleisen nach führt. Dorfwärts – neben dem *Club Marìtim Torredembarra* – befindet sich das Informationszentrum, dorfentfernt der Parkplatz und der Beginn der Route. Wir finden den Einstieg bei einem Zaun und einigen Schildern und gehen erst auf Holzschwellen entlang den Lagunen, wo wir auch Beobachtungsplätze finden. Am Ende der beiden Teiche wechseln wir nach rechts durch die Dünen an den Strand und wandern diesen entlang bis zu den Pinien von *Cal Valent*. Ein bisschen weiter quert ein Weglein nach links die Dünen bis zu den Lagunen **Estany del Saler**. Bevor wir hier geradeaus weitergehen, wenden wir uns nach rechts und spazieren noch der größten Lagune des Schutzgebietes nach bis zu deren Ende. Nachdem wir wieder zurückgekehrt sind, folgen wir nun dem Weglein durch die Lagune zur Bahnlinie, die wir hier unterqueren können. Wir gelangen so zu einer Siedlung und wenden uns nach links (Südwesten). Nach kurzem erreichen wir ein großes Schilfgebiet, das wir rechts umrunden. Bei einer Abwasseranlage finden wir einen Weg, der uns wieder an die Bahnlinie zurückbringt. Wir gehen weiter bis zur Siedlung *Claramar*, wo wir auf einem Sträßchen wieder an den Strand zurückkehren können. Nun folgen wir dem Ufer bis zum Ausgangspunkt.

44 Olèrdola, 340 m

Alte Zeiten auf felsiger Plattform

Abzweigung Olèrdola – Castell d'Olèrdola – Fondo de la Seguera – Abzweigung Olèrdola

Ausgangspunkt: Abzweigung Olèrdola BV-2443, 150 m; an der C-244 zwischen Vilafranca del Penedès und Canyelles.
Gehzeiten: Abzweigung – Castell d'Olèrdola ¾ Std., (Museumshügel: Besichtigung ca. 1 Std.), Castell d'Olèrdola – Beginn Fondo de la Seguera ¾ Std., Fondo durchwandern bis Abzweigung 1 Std.; Gesamtzeit: 2½ Std. (ohne Besichtigungstour).
Höhenunterschied: 200 m.
Anforderungen: Leichte Wanderung auf schönen Pisten und Bergwegen.
Karte: ICC 17 Garraf, oder ICC 13 Barcelonès, beide 1:50.000.
Einkehr: Keine.
Variationsmöglichkeiten: Mit dem Fahrzeug zum Castell hochfahren und nur Museumswandern. Abkürzung auf dem Rückweg durch steile Wegspur spart ½ Std.
Hinweis: Ein kürzlich entstandener Waldbrand hat den Charakter dieser Wanderung etwas verändert und lässt die nackten Felsen noch deutlicher hervortreten.
Tipp: Das »Museu d'Arqueologia de Catalunya – Olèrdola« besteht aus dem großen Archäologiepark auf der Hügelkuppe und einem kleinen Museum im neu gebauten Castell: Montags geschlossen, geöffnet: an Werktagen 10–14/15–20 Uhr (im Winter nur bis 18), Sa/So 10–16 Winter, 10–14/15–20 Uhr Sommer.

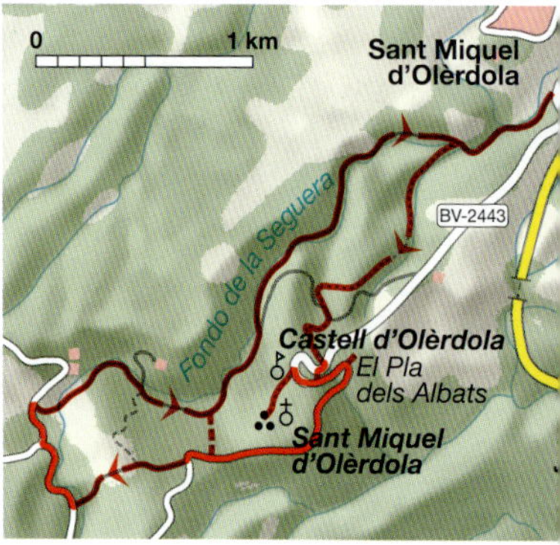

Der Hügel von Olèrdola verdankt seine besondere Bedeutung seiner aussichtsreichen und strategisch wichtigen Lage zwischen Garraf und Penedès. Seit der Bronzezeit bewohnt, trägt er Spuren einer Siedlung der Iberer, einer römischen Festung und eines mittelalterlichen Dorfes. Unsere schöne Wanderung aus engem Tal hinauf in die Aussicht verbindet Natur- und Geschichtserleben in idealer Weise.

Die Wanderung beginnt 30 m nach der Straßenabzweigung Olèrdola mit einer Feldstraße nach rechts (PR- und GR-Marken). Wir folgen ihr in den Canyon *Fondo de la Seguera*. Nach einer knappen Viertelstunde teilt sich der Weg: während der weiß-gelbe PR weiter im Talgrund verläuft (wir werden ihn im Rückweg benutzen), steigt der GR nach links durch die Flanke an. Wir übersteigen die Kette, die ihn absperrt, und wandern ½ Std. hinauf zum **Castell d'Olèrdola**. Wir finden den Zugang zum Museumsgelände durch eine Lücke in der römischen Befestigungsmauer. Wir können uns an der

Weit schweift der Blick vom römischen Wachtturm über die romanische Kirche und den Penedès bis hin zum Montserrat.

Kasse mit einem Übersichtsplan ausrüsten und entlang der verschiedenen eindrücklichen Zeugnisse vergangener Zeiten an der romanischen Kirche vorbei zum römischen Wachtturm auf der höchsten Hügelstelle wandern. Nach der Besichtigung gehen wir bei der Wendeplattform der Straße auf der zypressengesäumten Naturpiste weiter Richtung Nordosten. Nach 4 Min. erreichen wir den wunderschönen Sporn *El Pla dels Albats*, auf den wir links unbedingt hinaustreten sollten, um die in den Fels gehauenen Kindergrabstätten sehen zu können. Zurück auf der Piste folgen wir dieser weiter horizontal um den Hügel von Olèrdola herum. Nach einer Viertelstunde am Ende des Hügels läuft die Piste über einen Grat. Wer abkürzen möchte, findet an der tiefsten Stelle rechts eine Wegspur (weißer Punkt und grüner Strich auf Stein), die in 5 Min. steil durch den (verbrannten) Wald hinunter zur Piste im Talgrund führt. Ansonsten steigt die Piste an und geht unter einer Hochspannungsleitung durch. In der anschließenden Kurve verlassen wir bei einem grünen GR-Pfosten diesen Weitwanderweg und schlagen (gerade) rechts einen deutlichen Fußweg ein. Er führt uns in 3 Min. hinunter auf einen Sattel, wo wir links (!) auf einer verwachsenen Piste weiter abwärts wandern. Bei einer Kette gelangen wir zur Asphaltstraße. Wir wenden uns nach rechts und folgen 700 m weit – also etwa 10 Min. lang – der Straße, bis ein Wegweiser rechts den weiß-gelb markierten PR anzeigt. Wir folgen der Piste durch den Canyon **Fondo de la Seguera** bis zum Ausgangspunkt.

45 Von Sitges zur Ermita de la Santissima Trinidad

Kurzwanderung über der Steilküste

Sitges, Centre Llevantina – Ermita de la Santissima Trinidad und zurück

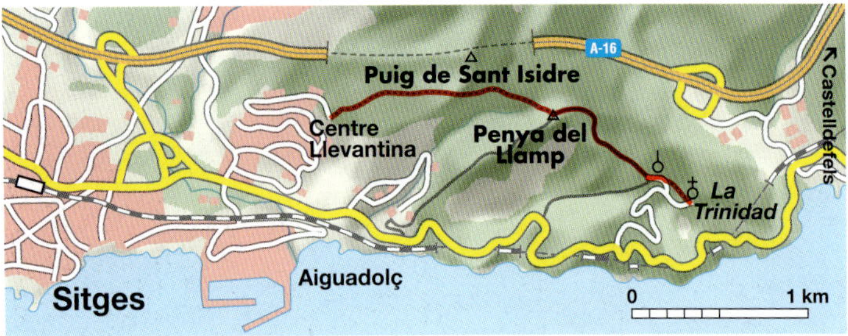

Ausgangspunkt: Sitges (Zug- und Busverbindungen), Wendeplattform an der höchsten Stelle der Hangsiedlung Centre Llevantina östlich von Sitges, 140 m. Zufahrt über C-246, Kreisel mit Schild *Centre Llevantina*; bei allen Verzweigungen in der Siedlung stets die steiler aufwärts führende Straße wählen bis zum höchsten Punkt.
Gehzeiten: Hinweg 1¼ Std., Rückweg 1 Std., Gesamtzeit: 2¼ Std. (½ Std. Fußweg vom Bhf. Sitges zum Ausgangspunkt).
Höhenunterschied: 100 m.
Anforderungen: Leichte Kurzwanderung auf gerölligen Pfaden und Forststraßen.
Karte: ICC 17 Garraf oder ICC 13 Barcelonès, beide 1:50.000.
Einkehr: Keine, WC und Trinkwasser bei La Trinidad.
Variationsmöglichkeit: Von La Trinidad auf GR 92 weiter nach Garraf (Bahnstation), 2½ Std.

Zwischen Castelldefels und Sitges fällt das Massis de Garraf steil ins Meer. Unsere Wanderung führt dem Rand des *Parc Natural de Garraf* nach zur Einsiedelei Ermita de la Santissima Trinidad. Sie steht auf einem bevorzugten Bergvorsprung direkt über der Küste und bietet schöne Blicke hinaus aufs Meer. Die Wanderfreuden werden etwas beeinträchtigt durch den Lärm der Küstenstraße und einer Zementfabrik.
Bei der Wendeplattform an der höchsten Stelle des **Centre Llevantina** finden wir die weiß-rote Markierung des GR 92. Auf ihm steigen wir zuerst geradewegs in der Falllinie steil empor. Nach 5 Min. gelangen wir zu einem Wasserreservoir, von wo uns der gut markierte Weg nach rechts über den Grat aufwärts führt. Unter uns liegt der prächtige neue Yachthafen *Aiguadolç* und etwas weiter südlich die Altstadt von Sitges mit dem umschäumten Palastvorsprung. Der Weg schlängelt sich durch dichtes Küstengehölz

Ermita de la Santissima Trinidad.

aufwärts, weicht Graterhebungen geschickt auf der meerabgewandten Seite aus und ermöglicht so ein konstantes Steigen. Nur gelegentlich ergeben sich Ausblicke aufs Meer oder ins Landesinnere. Nach insgesamt 40 Min. ist die Höhe erreicht; 2 grüne Pfosten mit der Aufschrift *GR 92, Cami de les Costes* markieren die Grenze des Parc Natural de Garraf. Wir wenden uns nach rechts; eine Piste führt durch eine Waldschneise auf der Höhe weiter. Nach 5 Min. erreichen wir den bewaldeten Gipfel *Penya del Llamp*, den höchsten Punkt unserer Wanderung. Eine Schotterstraße geht nun abwärts durch die Bergflanke auf zwei Sendemasten zu. Nach 300 m sind wir auf dem Grat angekommen, die Straße gibt nun den Blick auf die riesigen, lärmend lauten Anlagen der Zementfabrik frei. Ein kurzer Gegenanstieg führt zu den Sendemasten, die wir südlich passieren. Wir folgen 150 m der betonierten Zufahrtsstraße abwärts, bis links ein horizontaler Fußweg abzweigt. Entlang der Stationen eines Kreuzweges erreichen wir nach 10 Min. die weiß getünchte **Ermita de la Santissima Trinidad**, wo weite befestigte Plätze zur Rast und zur Erkundung der Einsiedelei laden. Etwas vorgelagert steht ein quadratischer Pavillon mit hervorragender Meersicht.
Wir lassen uns nicht zum Abstieg auf die Küstenstraße verleiten, sondern wandern auf dem Hinweg zurück.

46 La Morella, 596 m

Kurze Wanderung zum höchsten Gipfel des Garraf

Pla de Querol – Campgràs – La Morella – und zurück

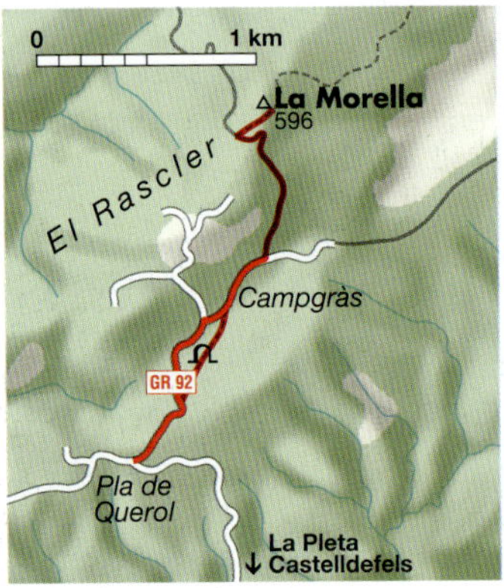

Ausgangspunkt: Pla de Querol, 470 m; Zufahrt über die C-31 bis westlichster Punkt von Castelldefels, von dort Massis de Garraf folgen, steile Bergstraße am Zentrum La Pleta vorbei bis zu einer Höhe, wo rechts eine breite Asphaltstraße abzweigt, die mit einer Barriere verschlossen ist.

Gehzeiten: Pla de Querol – Campgràs 20 Min., Campgràs – Gipfel La Morella 20 Min., Rückweg 30 Min.; Gesamtzeit: 1 Std. 10 Min.

Höhenunterschied: 130 m.

Anforderungen: Leichte Wanderung auf rauen Wegen.

Karte: ICC 17 Garraf, oder ICC 13 Barcelonès, beide 1:50.000, Streckenpläne im Infozentrum La Pleta.

Einkehr: Keine.

Hinweis: Das Tal östlich des Gipfels wurde mit dem Abfall von Barcelona aufgefüllt, was bei gewissen Meerwindlagen »zum Himmel stinkt«.

Tipp: Das *Centre d'Informació de La Pleta* vermittelt viele Informationen und zeigt eine sehenswerte Audiovision zum Park (täglich 10–15 Uhr, außer montags).

Diese Wanderung zeigt einen typischen Teil des Garraf, der hier mit steilen Kalkwänden schroff aus dem Meer aufsteigt. Seine kargen Höhen sind ausgewaschen, von Höhlen und Dolinen durchsetzt. Wir wandern vom hervorragenden Aussichtspunkt Pla de Querol auf dem GR-92 an einigen Höhleneingängen vorbei zur botanisch reichhaltigen Hochweide Campgràs. Von dort führt uns ein rauer Bergweg zum höchsten Gipfel des Garraf, der Cim de la Morella, von wo man an klaren, kalten und trockenen Wintertagen sogar Mallorca erkennen können soll, jedenfalls aber einen weiten Rundblick über die Küste samt Barcelona und die Weiten des Parc de Garraf genießt.

Wir folgen vom **Pla de Querol** an der breiten Asphaltstraße hinter der Barriere nach Nordosten. 400 m weiter sehen wir zur Rechten eine Doline, die von einer Stromleitung durchquert wird. Wir können dort auf den schmalen weiß-rot markierten GR wechseln, der uns in vielen Serpentinen an unspektakulären Höhleneingängen vorbeiführt, oder aber weiterhin auf der Asphaltstraße ansteigen. Nach 20 Min. erreichen wir die kleine Hochebene von **Campgràs**. (Die Straße wendet sich hier nach links zu den Antennen-

Wasserstandszeiger beim Informationszentrum La Pleta.

anlagen auf *El Rascler*.) Wir gehen auf einem Sträßchen geradeaus weiter, am Campgràs vorbei. Am Ende des Sträßchens erreichen wir den Zaun, der das riesige Abfalltal abschließt. Wir gehen auf dem Weg links des Zauns weiter und steigen entlang den weiß-roten Markierungen hinauf zum Gipfel **La Morella**.
Als Rückweg wählen wir den gleichen Weg.

47 Garraf – Cim de la Mola, 535 m

Rundtour mit Aussicht über den Parc Natural del Garraf

Olesa de Bonesvalls – Avenc de l'Esquerra – Cim (Puig) de la Mola – Puig Escampador – Olesa de Bonesvalls

Ausgangspunkt: Weiler La Figuera bei Olesa de Bonesvalls; ÖV: Bus Barcelona – Olesa de Bonesvalls bis zweitletzte Haltestelle Cruïlla Avinyonet.
Gehzeiten: La Figuera bis Avenc de l'Esquerra 50 Min., Aufstieg auf den Cim de la Mola 40 Min., Abstieg über Puig Escampador 70 Min., gesamt: 2¾ Std.
Höhenunterschied: 275 m.
Anforderungen: Bergwanderung auf karstigen Wegen und Forststraßen.
Karte: ICC 17 Garraf oder ICC 13 Barcelonès, beide 1:50.000.
Einkehr: La Figuera: Restaurant *El Racó*.
Variationsmöglichkeit: Vom Cim de la Mola wieder auf Aufstiegsseite absteigen, kurz über GR 92-3 und dann über GR 5 weiterwandern nach Sitges (Bahnstation), 2½ Std.

Unsere Wanderung im so genannten »weißen Garraf« gibt einen interessanten Überblick über den nordwestlichen Teil des *Parc Natural de Garraf* und prächtige Ausblicke in die Umgebung. Wir wandern auf schönen karstigen Wegen und Forstpisten vorbei an der tiefsten Höhle des Garraf zum Feuerwachtturm auf dem Cim de la Mola.

Von **La Figuera** folgen wir den weiß-roten Markierungen des GR 5 auf der linken Seite des Flusses westwärts, bis 200 m nach einer Hochspannungsleitung der Weg links zu steigen beginnt (Wegpfahl). Der schmale Bergweg wendet sich nach Süden und führt uns unverkennbar in den Naturpark hinein. Nach 45 Min. Wanderung erreichen wir eine deutliche Forststraße, der wir noch 5 Min. nach links aufwärts folgen. Dort sehen wir auf einem Platz rechts neben der Straße den Zugang zur **Avenc de l'Esquerra**, mit 236 m Tiefe und 1400 m Länge die größte der vielen Kalkhöhlen im Garraf. Vorsicht! Gleich unter den Bäumen hinter den Eisengeländern öffnet sich ungesichert der senkrechte Schlund der Grotte.

Wir folgen der Forststraße noch 100 m weiter, bis sie über 2 Röhren führt. Dort zweigt – weiß-rot markiert – unser Weg nach links ab. Ein schmaler

Pfad durch dichten Wald leitet uns aufwärts, wo wir nach 5 Min. auf die Ruinen eines Hauses und die Biegung einer Forstpiste stoßen. Hier verlassen wir den GR 5 und wählen die linke Wegspur, die weiter schmal durch Wald aufwärts geht. Sie ist spärlich mit roten Strichen markiert, aber unverkennbar, und leitet uns in 10 Min. auf den Gratrücken vor dem Gipfelaufbau. Hier stößt von rechts der GR 92-3 *Mediterrani* zu uns. Wir steigen entlang den weiß-roten Markierungen gipfelwärts. Nach insgesamt 1½ Std. haben wir die flache Kuppe des Gipfels **Cim de la Mola** erreicht. Der Feuerwachtturm lässt sich für uns leider nicht besteigen, doch genießen wir auch so die freie Rundumsicht.

Für den Rückweg folgen wir der Forstpiste nach Nordosten. Wir bleiben stets auf dieser Piste, auch wenn nach 10 Min der GR 92-3 nach rechts abzweigt und eine gekreuzte weiß-rote Markierung eigentlich vom Weiterweg abraten würde, bis zum letzten Vorgipfel vor dem Taleinschnitt, dem **Puig Escampador**. Auf der höchsten Stelle sehen wir links auf einem Fels mit roter Farbe einen Pfeil und das Wort »ABEN« gemalt, während – wieder Vorsicht! – gleich rechts neben der Piste unter einem Busch sich das senkrechte Loch der *Avenc de Puig Escampador* öffnet. Wir wandern weiter der Straße nach, bis wir ¾ Std. nach dem Gipfel und nachdem wir eine Hochspannungsleitung unterquert haben, auf eine Verzweigung stoßen. Wir gehen links auf einen älteren, schönen Weg. Nach 7 Minuten auf diesem Weg halten wir nach rechts, 150 m weit hangeben, dann wieder abwärts durch Wald, bis vor uns das mächtige Gebäude des Hospitals bei **La Figuera** sichtbar wird, das wir in einem großen Bogen durch einen Taleinschnitt auf schönem Weg erreichen.

Freie Rundumsicht über den Parc Natural del Garraf.

48 Montserrat – Cim de Sant Jeroni, 1224 m

Berauschende Tiefblicke vom höchsten Gipfel des Montserrat

Monestir de Montserrat – Pla de les Taràntules – Cim de Sant Jeroni – Pla dels Ocells – Placetta de Santa Anna – Monestir

Ausgangspunkt: Monestir de Montserrat, 710 m – Talstation der Drahtseilbahn Funicular Sant Joan (Betriebszeiten 10–18 Uhr, alle 20 Min.), die vom Kloster auf die Pla de les Taràntules, 980 m, führt. Das Kloster ist von der Autobahn N II a (Barcelona – Igualada – Lleida) gut ausgeschildert. Die vielen gebührenpflichtigen Parkplätze sind häufig überlastet, sodass sich eine Ankunft vor 10 Uhr empfiehlt. Das Monestir ist auch mit der Luftseilbahn (Aeri de Montserrat, Bahnstation an der Linie Barcelona – Manresa) oder mit der Eisenbahn *Cremallera* ab Monistrol de Montserrat erreichbar. Busverbindungen aus vielen umliegenden Städten.

Gehzeiten: Bergstation – Gipfel 1¼ Std, Abstieg hinunter zum Kloster 1½ Std, Gesamtzeit 3 Std.

Höhenunterschied: Aufstieg 250 m, Abstieg 520 m.

Anforderungen: Leichte Bergwanderung auf gut ausgebauten und gesicherten Wegen. Der Gipfelanstieg ist mit 225 beto-

Die Berge Tebes und der Mirador d'Icona.

nierten Treppenstufen künstlich angelegt, etwas ausgesetzt, doch mit einem Drahtseilgeländer gesichert. Beim Abstieg auf dem »alten« Weg sind über 1300 Treppenstufen zu bewältigen. Die Tour sollte nicht bei Eis und Schnee und nicht kurz nach starken Regenfällen durchgeführt werden!

Karte: ICC 13 Barcelonès oder ICC 6 Anoia, beide 1:50.000.

Einkehr: Bars und Restaurants beim Monestir de Montserrat.

Variationsmöglichkeit: Wer frühmorgens (wenn die Funicular noch nicht fährt) loswandern will und das Treppensteigen nicht scheut, kann den Weg gut auch in umgekehrter Richtung begehen. Der Einstieg erfolgt im obersten, hintersten Teil der Klosteranlage bei der dortigen Brücke über das Flussbett; Markierung weiß-rot GR 172/4. Beim Aufstieg nach ca. 800 Stufen (25 Min.) nicht rechts dem GR folgen (kleiner Weg), sondern geradeaus weiter (guter Weg)!

Der Montserrat (»gesägter Berg«) ist zweifellos der geheimnisvollste und schönste Berg Kataloniens. Er ist geografisch und im Selbstverständnis der Katalanen das Herzstück ihres Landes. Das Kloster mit der schwarzen Madonna stellt ihr wichtigstes Heiligtum dar. Seinen Namen verdankt der Montserrat einer einzigartigen Kombination von gerundeten steilen Spitzen und tiefen Schluchten, entstanden durch die intensive Verwitterung des eher weichen Konglomeratgesteins. Seine schwer zugänglichen Plätze wurden seit alters von Eremiten und Mönchen bewohnt, wovon noch heute eine ganze Reihe von Höhlen und Kapellen zeugt. Der Montserrat erhebt sich unvermittelt über 1000 Höhenmeter aus der Zentralkatalanischen Senke, sodass sich von seinen Gipfeln aus praktisch ganz Katalonien von den Pyrenäen im Norden über die Küstengebirge bis tief in den Westen und Süden überblicken lässt. Eine Besteigung seines höchsten Punktes, des Cim de Sant Jeroni, gehört zu den eindrucksvollsten Bergwanderungen überhaupt. Der Montserrat ist ein Eldorado der Schlucht- und Felskletterer, und die wenigen Wege, die über diesen Berg führen, verlangen meist alpinistisches Geschick. Davon ausgenommen ist die hier beschriebene Route, die auf guten Wegen einen großartigen Ein-

blick in die etwas breiteren Formen des östlichen Montserrat verschafft und die meditative Größe und Einsamkeit dieser Landschaft erleben lässt. (Die nächste – schwierigere – Tour (Tour 49) im westlichen Montserrat zeigt die schlankeren Spitzen, die *Agulles*.)
Als Aufstiegshilfe nehmen wir gern die Funicular Sant Joan an, die uns in wenigen Minuten zur Aussichtsplattform **Pla de les Taràntules** führt. Der Weg beginnt unmittelbar oberhalb des Gebäudes der Bergstation (Tafel *Sant Jeroni*). Der gut ausgebaute und gegen den Abgrund mit Geländern gesicherte neue Weg (Cami nou) führt stets ganz sanft steigend durch die Ostflanke. Unter uns sehen wir die Klosteranlage und auf der gegenüberliegenden Talseite die vielen beeindruckenden Felsformationen mit ihren sprechenden Namen: die Mumie, den Elefanten und andere. Wir beachten alle abgehenden Wegspuren nicht und erreichen nach einer knappen halben Stunde erstmals die Höhe des Grates und den Aussichtspunkt *Mirador d'Icona*. Immer dem Grat folgend, gehen wir auf angenehmem Weg Richtung Sendeturm *Sant Jeroni*, der auf einem Nebengipfel unseres Ziels liegt. Nach einer Viertelstunde erreichen wir den Taleinschnitt, wo der alte Weg (Cami antic), den wir zum Abstieg benutzen werden, zu uns stößt. Wir wählen den linken, nun etwas steiler steigenden Weg, der uns durch das Tälchen aufwärts leitet, bis wir die Kapelle des *Sant Jeroni* erreichen. Unmittelbar vor der Kapelle biegen wir links ab (rechts zum Mirador beim Sendeturm). Nach einer kurzen Traverse finden wir erste Betonstufen, die uns auf einen ebenen Platz führen, wo ehemals eine Herberge stand. Nun sind noch 225 betonierte Treppenstufen zu bewältigen, luftig über den Grat, doch gibt ein Drahtseilgeländer den erwünschten Halt – ein atemberaubender Aufstieg, vor allem wegen der großartigen Tiefblicke. Dann ist die Gipfelterrasse erreicht: ganz Katalonien liegt uns zu Füßen! Eine Panoramatafel hilft bei der Orientierung.
Nach der Gipfelrast gehen wir auf dem Aufstiegsweg zurück bis zum Abzweig des Cami antic (7 Min. unterhalb der Kapelle Sant Jeroni, Tafel *Monestir de Montserrat*). Wir steigen links über Treppenstufen in die Tiefe. Nach 5 Min. ist der Bachgrund erreicht, dem der angenehm schattige Weg bis zu einem Waldplatz folgt (**Pla dels Ocells**, behauene Steinpyramide mit eingemeißeltem Ortsnamen). Hier verlässt der Weg den Talgrund und führt auf der linken Talseite durch die Flanke; schwierigere Wegpartien sind stets gut betoniert. Nach 10 Min. stößt bei der *Placetta de Santa Anna* von links der GR 172/4 zu uns, dessen weiß-rote Markierungen uns nun über 800 Stufen steil durch die Schlucht abwärts zum Kloster führen. Der gewaltige Touristenrummel springt uns nach unserer Abgeschiedenheit plötzlich unwirklich an.

Breite Felstürme über dem Cami vell.

49 Montserrat – Agulles, Coll de Porc, 978 m

Rundtour um die Spitzen des westlichen Montserrat

Coll de Can Maçana – Portella – Refugi Vicenç Barbé – Coll de Porc – Roca Foradada – Coll de Can Maçana

Ausgangspunkt: Coll de Can Maçana, 720 m, an der BP-1101; Parkplatz unmittelbar südlich der Passhöhe unterhalb der Straße.
Gehzeiten: Coll de Can Maçana – Refugi Vicenç Barbé ¾ Std., Refugi Vicenç Barbé – Coll de Porc ¾ Std., Rückweg durch die Nordseite 1 Std., Gesamtzeit 2½ Std.
Höhenunterschied: 250 m.
Anforderungen: Prachtvolle Bergtour auf schmalen Pfaden; der Aufstieg zur Portella erfordert eine leichte Kletterei.
Karte: ICC 13 Barcelonès oder ICC 6 Anoia, beide 1:50.000.
Einkehr und Unterkunft: Refugi Vicenç Barbé, 900 m, des FEEC; ein Raum für Aufenthalt und Schlafen, von Kletterern oft benutzt. An Wochenenden und im Sommer bewirtschaftet (nur Getränke).
Variante: Nur für erfahrene, schwindelfreie Berggänger: im Aufstieg bei La Portella oberhalb des beschriebenen Kamins links den roten Markierungen aufwärts folgen zur *Travessa de les Agulles*, einem kräfteraubenden Auf und Ab entlang den höchsten Spitzen mit Kletterstellen im II. Schwierigkeitsgrad (fixe Seile); 1½ Std. bis *Portell Estret*, einem schmalen, markanten Grateinschnitt; von dort entweder nordwärts steil abwärts in ¼ Std. zum beschriebenen Rückweg, oder südwärts in 15 Min. zum Refugi Vicenç Barbé (je weiße Markierung).
Hinweis: Bleiben Sie auf der beschriebenen Route und wählen Sie keine anderen Varianten, wenn Sie nicht sehr bergerfahren und entsprechend ausgerüstet sind.

Der westliche Teil des Montserrat wird gebildet durch die Frares und Agulles, Dutzende von eng nebeneinander gestellten Nadeln aus Konglomeratgestein, welche den Grat bilden und bis 150 m aus diesem aufragen. Die starke Verwitterung hat faszinierende Formen geschaffen, die eine eigenartige, magische Szenerie bilden. Die senkrechten Wände und Kamine werden von vielen Kletterern aufgesucht und auf mittlerweile klassischen, aber auch immer wieder neuen Routen erklommen. Unsere großartige Wanderung umrundet diese Spitzen auf einer Höhe von etwa 900 m und lässt den Zauber dieser einmaligen Landschaft ganz direkt erleben. Die Tour bietet auch erstaunliche Tiefblicke über die katalanische Landschaft.

Unser Weg beginnt auf der Ostseite des Parkplatzes bei **Coll de Can Maçana**, wo linker Hand ein Sträßchen wegführt (grüne Schranke). Wir folgen diesem und damit den weiß-roten Markierungen des GR 172 (ICC: GR 7-2). Nach einer Viertelstunde erreichen wir den *Coll de Guirló*, wo sich das Sträßchen verzweigt. Wir gehen nicht rechts steil abwärts, sondern noch 100 m leicht abwärts geradeaus, bis rechts ein schmaler Fußweg abgeht (unscheinbare Tafel *Al Refugi*). Hier verlassen wir den GR und schlagen jenen Weg ein, dessen gelbe Markierungen uns von nun an leiten. Angenehm morgenschattig steigt das Weglein durch die Flanke hinauf gegen die senkrechten Felswände. Fast scheint ein Weiterweg unmöglich, doch öffnet sich kurz vor der Grathöhe ein Kamin und eine leichte, griffige, nicht ausgesetzte, 20 m lange Kletterei in angenehmer Schräge bringt uns hinauf zur **Portella** (½ Std. vom Ausgangspunkt). Vom Grat folgen wir weiter den gelben Markierungen, zuerst rechts abwärts, dann geradeaus. Nach 10 Min. erreichen wir den **Refugi Vicenç Barbé**. Im Tälchen 200 m nach der Hütte teilt sich der Weg (Wegweiser auf Stein am Boden); wir gehen rechts auf gleicher Höhe weiter (gelbe Markierung). Der Weg führt durch Wald mehr oder weniger stets auf gleicher Höhe weiter, öffnet da und dort prächtige Ausblicke hinauf zu den Spitzen oder nach Süden weit hinaus über Katalonien. Wir lassen von rechts zuführende Wegspuren (rot markiert) und nach links wegführende (blau) unbeachtet. Etwa 25 Min. nach der Hütte beginnt der Weg hinauf zum *Pas del Princep* zu steigen. Nach diesem geht der Weg wieder geradeaus. Wir treffen auf eine große Höhle mit Quelle (*Font de l'Esllavissada*)am linken Wegrand und gleich darauf nochmals auf eine Höhle, die sich zum Biwakieren bei Schlechtwetter eignen würde. Und schon sind wir beim **Coll de Porc** (978 m), wo wir den Hauptgrat des Montserrat erreichen, also eine Stelle, wo vor uns im Wald die Nordseite steil in die Tiefe fällt (45 Min. vom Refugi Vicenç Barbé).

Frares am Weg zum Pas del Princep.

Hier verlassen wir die gelbe Markierung, die nach rechts weiterführen würde! Vielmehr folgen wir dem Weg, der hinten auf der Nordseite in die Tiefe führt (weiße Markierung). Nach kurzem Abstieg wendet er sich nach links und traversiert unmittelbar unter den senkrechten Nordwänden der Agulles zurück nach Westen. Wir genießen die atemberaubenden Ausblicke über das nördliche Katalonien bis hinauf zu den Pyrenäen. Nach 13 Min. Abstieg gabelt sich der Weg; wir halten rechts abwärts. Nach weiteren 10 Min. erreichen wir den GR 172 (GR 7-2) mit seinen weiß-roten Markierungen, auf dem wir links gehen. Immer diesem folgend umgehen wir die **Roca Foradada** – den durchlöcherten Fels – und erreichen in 35 Min. unseren Ausgangspunkt.

50 El Tibidabo, 512 m

Natur und Rummel auf Barcelonas Dachfirst

Portell de Valldaura – El Tibidabo und zurück

Blick vom Tibidabo auf Barcelona.

Ausgangspunkt: Portell de Valldaura, 340 m; Zufahrt von Cerdanyola del Vallès auf der BV-1415 Richtung *Barcelona* bis km 7, Parkplatz *Mirador de Cerdanyola*; zu Fuß noch 150 m weiter bis zur Passhöhe *Portell de Valldaura*.
Gehzeiten: Aufstieg bis El Tibidabo 1½ Std., Abstieg 1 Std.; Gesamtzeit: 2½ Std.
Höhenunterschied: 170 m.
Anforderungen: Die leichte Wanderung verläuft größtenteils über breite Waldpisten, streckenweise über einen schmalen, steinigen Waldweg.
Karte: ICC 13 Barcelonès, 1:50.000.
Einkehr: Kiosks und Restaurants auf dem Tibidabo.
Variationsmöglichkeiten: Mit Zahnradbahn oder Stadtbus nach Barcelona hinunterfahren.
Hinweis: Der beliebte Rummelplatz Parc d'Atraccions del Tibidabo ist an Wochenenden geöffnet.

Am Nordrand von Barcelona befindet sich der große Naturpark *Parc de Collserola*. Er gilt als Naherholungsgebiet erster Güte, bietet inmitten seiner Naturlandschaft zahlreiche Möglichkeiten zum Biken, Joggen, Wandern, Baden und Grillen. Unsere bequeme Wanderung führt durch Wälder über den westlichen Grat der *Serra de Collserola* zum höchsten Gipfel *El Tibidabo*, der einen grandiosen Überblick über Barcelona wie auch über die Weiten im Westen ermöglicht.

Vom **Portell de Valldaura** folgen wir bis unmittelbar vor dem Ziel dem hervorragend markierten GR 92: Die erste Minute auf einer Piste, dann rechts steil aufwärts auf schmalem Waldweg. Beim Sendemast erreichen wir die Grathöhe, auf der wir nun weiterwandern. Nach ¼ Std. kreuzen wir den GR 6 und bleiben geradeaus auf dem GR 92, der uns bald zur Geosäule des *Turó de la Magarola* bringt. 5 Min. später endet der schmale Weg auf einem Pass. Wir folgen weiter den weiß-roten Wegzeichen, nun auf einer breiten Piste rechts vom Grat, erst abwärts, dann horizontal. Nach einer Viertelstunde auf der Piste biegen wir mit dem GR kurz vor der Asphaltstraße bei einer Quelle rechts ab und gehen noch 5 Min. neben der Straße weiter. Dann überqueren wir die Straße, um bei der gleich folgenden Kreuzung links abzubiegen. 50 m nach der Kreuzung finden wir rechts wieder die GR-92-Hinweise. Wir folgen dem schönen, schmalen Waldweg für weitere 10 Min. bis zum Passübergang *Coll de la Vinassa* (Kette, Wasserstelle, Wegweiser, Sitzbank). Erst hier verlassen wir den GR: Wir gehen auf der horizontalen Piste nach links. Bei den ersten Häusern schwenken wir nach links in die Gasse ein und folgen ihr bis zum Parkhaus, wo wir wieder nach links zum **Tibidabo** aufsteigen können.

Für den Abstieg folgen wir vom großen Platz aus der horizontalen Straße nordwärts. Nach knapp 10 Min. erreichen wir einen Parkplatz auf der Außenseite einer Straßenwende. Unmittelbar am Beginn dieses Platzes finden wir westwärts einen schmalen Fußweg, der uns in 3 Min. zurück auf den *Coll de la Vinassa* bringt. Von dort gehen wir auf dem gleichen Weg zum Ausgangsort zurück.

KATALANISCH-SPANISCH-DEUTSCH FÜR WANDERER

Katalanisch *català*	**Spanisch** *castellano*	**Deutsch** *alemany/alemán*
dilluns	el lunes	Montag
dimarts	el martes	Dienstag
dimecres	el miércoles	Mittwoch
dijous	el jueves	Donnerstag
divendres	el viernes	Freitag
dissabte	sábado	Samstag
Diumenge	domingo	Sonntag
feiner(s)	semana	wochentags
festiu	festivos	festtags
avui	hoy	heute
ahir	ayer	gestern
demà	mañana	morgen
sortida	salida	Abfahrt
arribada	llegada	Ankunft
obert	abierto	offen
tancat	cerrado	geschlossen
tallat	tallado	unterbrochen
casa, ca, can, cal	casa	Haus
balneari	balneario	Heilbad
mas	masia	Bauernhaus
refugi	refugio	Schutzhütte, Berghaus
ermita	ermita	Einsiedelei
monasteri	monasterio	Kloster
església	iglesia	Kirche
castell	castillo	Burg
pessebre	pesebre	Weihnachtskrippe
camí, sender	camino, sendero	Weg
carrer, carrera	calle, carretera	Straße
camí de ferradura	camino de herradura	Saumweg
itinerari	itinerario	Route, Weg
riu	río	Fluss
barranc	barranco	Schlucht
pont	puente	Brücke

Katalanisch *català*	**Spanisch** *castellano*	**Deutsch** *alemany/alemán*
pou	pozo	Brunnen
font	fuente, manantial	Quelle
llac	lago	See
serra	sierra	Bergkamm
costa	cuesta, costa	Bergflanke, Küste
coll	collado, puerto	Pass
cim, puig	cima	Gipfel
puig, mola	colina	Hügel
munt, muntanya, (mont)	monte, montaña	Berg
roc, roques	roca	Fels
cingle	pared	Felswand
cala	bahía, cala	Bucht
platja	playa	Strand
cova	cueva	Höhle
balma		Balme (Felsvorsprung)
esllavissada	corrimiento, caída	Erdrutsch, Steinschlag
torrent, riera	arroyo, río	Bach, Fluss
mirador	miradero, mirador	Aussichtsstelle
plaça (major)	plaza	(Haupt-)Platz
pal	palo	Pfahl, Stange
pal indicador	indicador	Wegweiser
prat	campo	Feld
pla	llanura	Ebene
embassament	embalse	Stausee
grau	(grada)	Stufe (Durchgang in einer Felswand)
massis	macizo	Gebirgsmassiv
a l'esquerra	a la izquierda	links
a la dreta	a la derecha	rechts
(tot) dret	derecho	geradeaus
estret	estrecho	eng
cami privat	camino privado	Privatweg
pas	paso	Durchgang
prohibit el pas	paso prohibido	Durchgang verboten
particular	particular	privat
gos, gossos	perro, perros	Hund, Hunde
perillós	peligroso	gefährlich

Stichwortverzeichnis